Schattauer

WISSEN & LEBEN
herausgegeben von Wulf Bertram

Wulf Bertram, Dipl.-Psych. Dr. med, geb. in Soest/Westfalen, Studium der Psychologie, Medizin und Soziologie in Hamburg. Zunächst Klinischer Psychologe im Universitätskrankenhaus Hamburg Eppendorf, nach Staatsexamen und Promotion in Medizin Assistenzarzt in einem Sozialpsychiatrischen Dienst in der Provinz Arezzo/Toskana, danach psychiatrische Ausbildung in Kaufbeuren/Allgäu. 1986 wechselte er als Lektor für medizinische Lehrbücher ins Verlagswesen und wurde 1988 wissenschaftlicher Leiter des Schattauer Verlags, 1992 dessen verlegerischer Geschäftsführer. Aus seiner Überzeugung heraus, dass Lernen Spaß machen muss und solides Wissen auch unterhaltsam vermittelt werden kann, konzipierte er 2009 die Taschenbuchreihe »Wissen & Leben«, in der mittlerweile mehr als 50 Bände erschienen sind. Bertram hat eine Ausbildung in Gesprächs- und Verhaltenstherapie sowie in Psychodynamischer Psychotherapie und arbeitet als Psychotherapeut in eigener Praxis.
Für seine »wissenschaftlich fundierte Verlagstätigkeit«, mit der er im Sinne des Stiftungsgedankens einen Beitrag zu einer humaneren Medizin geleistet hat, in der der Mensch in seiner Ganzheitlichkeit im Mittelpunkt steht, wurde Bertram 2018 der renommierte Schweizer Wissenschaftspreis der Margrit-Egnér-Stiftung verliehen.

Dieter Adler

Was wir wirklich brauchen – Erfahrungen eines Psychoanalytikers

Dieter Adler
Heckenweg 22
53229 Bonn

Besonderer Hinweis:
Die Medizin unterliegt einem fortwährenden Entwicklungsprozess, sodass alle Angaben, insbesondere zu diagnostischen und therapeutischen Verfahren, immer nur dem Wissensstand zum Zeitpunkt der Drucklegung des Buches entsprechen können. Hinsichtlich der angegebenen Empfehlungen zur Therapie und der Auswahl sowie Dosierung von Medikamenten wurde die größtmögliche Sorgfalt beachtet. Gleichwohl werden die Benutzer aufgefordert, die Beipackzettel und Fachinformationen der Hersteller zur Kontrolle heranzuziehen und im Zweifelsfall einen Spezialisten zu konsultieren. Fragliche Unstimmigkeiten sollten bitte im allgemeinen Interesse dem Verlag mitgeteilt werden. Der Benutzer selbst bleibt verantwortlich für jede diagnostische oder therapeutische Applikation, Medikation und Dosierung.
In diesem Buch sind eingetragene Warenzeichen (geschützte Warennamen) nicht besonders kenntlich gemacht. Es kann also aus dem Fehlen eines entsprechenden Hinweises nicht geschlossen werden, dass es sich um einen freien Warennamen handelt.

Schattauer
www.schattauer.de
© 2023 by J. G. Cotta'sche Buchhandlung Nachfolger GmbH, gegr. 1659, Stuttgart
Alle Rechte vorbehalten
Cover: Bettina Herrmann, Stuttgart
unter Verwendung einer Abbildung von © iStock/PeopleImages
Gesetzt von Eberl & Koesel Studio, Kempten
Gedruckt und gebunden von Friedrich Pustet GmbH & Co. KG, Regensburg
Lektorat: Gabriele Wever, Karla Seedorf
Projektmanagement: Dr. Nadja Urbani
ISBN 978-3-608-40159-2
E-Book ISBN 978-3-608-12140-7
PDF-E-Book ISBN 978-3-608-20614-2

Bibliografische Information der Deutschen Nationalbibliothek
Die Deutsche Nationalbibliothek verzeichnet diese Publikation in der Deutschen Nationalbibliografie; detaillierte bibliografische Daten sind im Internet über http://dnb.d-nb.de abrufbar.

Für Eike, Leah Emily und Fiete

Inhalt

1 Einleitung 9
Vorbemerkungen 9
Danksagung 12
Was ist wichtig? 13
Was braucht man, um zufrieden zu sein? 16

2 In Gemeinschaft und miteinander 17
Gemeinschaft und Geborgenheit 17
Weggefährten 20
Geborgenheit 21
Spiegelung und Unterstützung 22
Umgang mit anderen 24

3 Gefühle 29
Zuneigung 29
Einsamkeit und Hingabe 32
Nähe 33
Gedanken gegen Gefühle 41
Sinnlichkeit 49
Genuss 57
Neugier 62

4 Aktiv tätig sein 63
Aufschieben 63
Berufswahl 68
Erfolg 78
Selbstwirksamkeit 83
Herzblut und Leidenschaft 85

	Chaos	88
	Zeit und Geld	90
5	Verantwortung und Selbstfürsorge	93
	Authentisch sein	93
	Mut	98
	Fürsorge und Selbstfürsorge	99
	Arbeiten so entspannt wie Ameisen	102
	Sicherheit in sich selbst	105
	6000 Euro sind genug	108
	Win-win-Situationen	109
6	Selbstsabotage	113
	Besitz	113
	Eine Rolle spielen	115
	Überlegenheit	120
	Respektlosigkeit	121
	Unachtsamkeit	124
7	Menschlich werden	127
	Respekt vor dem Schwachen	127
	Zeit und Geduld	128
	Langsamkeit	130
	Wichtiges zuerst	132
	Bescheidenheit und Demut	134
	Der Sinn des Lebens	137
	Was ist Glück?	140
Literatur		143

1 Einleitung

Vorbemerkungen

»Was wir wirklich brauchen« hört sich zunächst etwas »biblisch« oder prophetisch an. Hier muss ich den Leser enttäuschen. Es ist lediglich eine Sammlung von Einsichten nach dreißig Jahren hinter der Couch. Wenn Menschen zu mir in Beratung oder in Behandlung gekommen sind, waren es stets die scheinbar einfachen Dinge, unter denen sie gelitten haben: kein Mut mehr, kein Inhalt im Leben, Einsamkeit, Sinnleere und so weiter. Nie hatte ich jemanden, der nur unter seiner Arbeitslosigkeit oder dem Verlust des Partners gelitten hat. Zunächst war dies sicherlich der »Einstieg«, um sich Hilfe zu suchen. Doch schon nach kurzer Zeit stellte sich heraus, dass ganz andere innere Nöte am Werk waren, die dem Menschen, der zu mir gekommen war, das Leben schwer gemacht haben.

Oft sind die existenziellen Fragen abgekoppelt von der realen Existenz äußerer Dinge. Äußere Dinge verkörpern meist eine Scheinsicherheit, an die sich der unsichere oder gehemmte Mensch klammert, um nicht den Halt zu verlieren. In der Regel sind sie aber so wenig nützlich wie ein Tennisschläger in einem Rettungsboot.

Am Ende der Therapie waren es die »scheinbar einfachen« Dinge, die scheinbar leicht erreichbaren Ziele oder Umstände, die zählten – wie Freundschaft, Geborgenheit, innere Sicherheit, ein Ziel im Leben gefunden zu haben, die Neugier wieder entdeckt zu haben, alles viel gelassener zu nehmen. Aber vor allem: wieder aus dem Inneren heraus leben zu können, statt Sklave irgendwelcher äußeren und inneren Zwänge zu sein. Und authentischer leben zu können. Nicht mehr das zu machen, zu dem man nicht bereit ist, sondern die Dinge umzusetzen, die wirklich Befriedigung bringen. Für diese Erkenntnisse bin ich meinen Patienten sehr dankbar. Dieses Buch habe ich in ihrem Namen geschrieben – ohne diese wertvollen Erfahrungen wäre es nicht möglich gewesen.

Menschlichkeit zu erlernen, ist auch in der Psychotherapie nicht einfach. Zunächst muss man selbst menschlicher werden. Nach vielen Ausbildungen hat mir meine Supervision bei Irvin Yalom, einem sehr menschlichen, aber auch strengen amerikanischen Psychoanalytiker, geholfen und meinen Weg geprägt. Auch meine Beziehungen zu meinen Kollegen und Freunden Margarethe Mitscherlich und Sudhir Kakar waren prägend. Sowie meine geistigen Mentoren Igor Caruso und Arno Gruen, deren geistige Haltung ich entscheidend übernommen habe.

Ihnen allen bin ich dankbar.

Wenn ich im generativen Maskulinum schreibe, meine ich alle Geschlechter. Alle bisher bekannten. Und alle, die noch entdeckt werden. Ich spreche immer von Menschen.

Ich bin nach langer Diskussion mit mir selbst und mit anderen dazu gekommen, auf explizite Ratschläge zu verzichten. Ich denke, dass das ganze Buch zur Selbstreflexion anregen kann. Wenn man das will. Wenn es dann am Ende doch nur zum Kaminanfachen taugt, dann ist das so, auch wenn mir konstruktive Kritik durchaus lieber wäre.

Und ich finde, dass die für unsere eigene Entwicklung wichtige Fähigkeit der Reflexion aufgrund zunehmender Bequemlichkeit immer mehr abnimmt, viel zu sehr abnimmt. Die Menschen holen sich »ihre Meinung« aus dem Internet. Oder aus Selbsthilfebüchern, die einem sagen, was man tun, ändern oder lassen soll. Vielleicht schreibe ich mal eins: »Wie Sie ganz sicher von Selbsthilfebüchern unabhängig werden.«

Meine besten Erfahrungen habe ich in Therapien nicht damit gemacht, dass ich jemanden von etwas überzeugt habe oder ihn zu etwas gedrängt habe. Sondern wo ich einen Denkprozess anregen konnte, der zunächst zu einer Erkenntnis, dann zu einer inneren Auseinandersetzung, dann zu einer geänderten Haltung und schließlich zu einer Änderung im Verhalten des Patienten geführt hat. So wurde es Teil seiner eigenen Person statt eine Gefolgschaft meiner (vermeintlichen) Überzeugungen. In Therapien sind die richtigen Fragen wichtig, aber sie müssen erstens zum Patienten passen und zweitens zum momentanen Kontext. Einen Patienten, der mit seiner Partnerschaft unzufrieden ist, sollte man nicht fragen, ob er denn im Beruf keine Erfolge habe. Diesen Patienten könnte ich, sofern es passt, fragen: »Wie kommt es, dass jede Ihrer Partnerschaften scheitert, wenn sich eine Frau zu Ihnen bekennt?« Der Patient kann darüber nachdenken. Kann sich fragen, ob das stimmt. Und wenn, kommt automatisch die Frage nach dem Warum auf. Und damit auch Fragen nach der eigenen Einstellung. Habe ich nur Angst vor Nähe und Bindung oder will ich gar keine feste Bindung, sondern Abwechslung? Oder beides?

Das sind dann aber nicht meine Intentionen, sondern seine eigenen. Seine persönlichen Einstellungen, Wünsche und Konflikte, die daraus resultieren. Irgendwann ist er in einem dekonstruktivistischen Prozess, an dessen Ende, wie in jedem dekonstruktivistischen Prozess, die (unteilbare) Realität steht. Ich sage bewusst nicht Wahrheit, weil Realität und Wahrheit oft auseinanderfallen (es ist zum Beispiel richtig = wahr, dass der Mensch von Natur aus polygam ist, viele Partner dem aber nicht nachgehen oder es beim anderen zulassen wollen = Realität).

Kurz gefasst: Der Patient muss sich mit seinen Realitäten auseinandersetzen.

Ein Patient suchte eine Partnerin, die gebildet, reich, intelligent, sportlich sowie erfolgreich ist, einen gewissen sozialen Status besitzt und unter 26 Jahre alt ist. Er musste herausfinden, dass das so gut wie unmöglich ist. Und wenn, dann wird es nur sehr wenige »Exemplare« geben.

Ihn bat ich, als er das erkannt hatte, sich in die Rolle einer solchen potenziellen Frau zu versetzen und sich zu fragen, welche Ansprüche diese Frau wohl an einen Partner haben könnte.

Das war eine neue Realität für ihn, die er ausgeblendet hatte. Wer so erfolgreich und attraktiv ist, hat logischerweise auch Ansprüche. Ich füge dann gern eine Frage hinzu: »Sagen Sie mal, wo wir gerade dabei sind: Was haben Sie eigentlich so einer Frau zu bieten?«

Na ja, so arbeite ich eben.

Das Buch ist und soll eine Einladung zum Nachdenken sein. Und hin und wieder auch zum Schmunzeln.

La Gomera, August 2022

Danksagung

Ich möchte mich bei allen bedanken, die mir bei diesem Buch geholfen haben.

Mein Dank geht an Marion Langer für das geduldige Lesen, die konstruktive Kritik und die wertvollen Impulse. Karla Seedorf danke ich für das Endlektorat, in dem ich sie als sehr kooperativ erlebt habe. Danke auch an Dr. Nadja Urbani vom Klett-Cotta Verlag für ihre Offenheit und Geduld.

Ganz besonders danke ich Gabriele Wever für ihren scharfen Verstand und ihre Klarheit, mit der sie mich beim Schreiben des Buches unterstützt hat durch geduldiges Mitgestalten, Korrigieren und konsequentes Lektorieren. Ohne sie wäre das Projekt vermutlich gar nicht so weit gekommen.

Was ist wichtig?

In vielen Jahren der Psychotherapie habe ich mir oft die Frage gestellt, was wirklich im Leben zählt.

Die Frage, die wir uns stellen müssen, ist: Was ist für unser Leben wirklich wichtig? Was macht uns zufrieden, was brauchen wir unbedingt? Bei genauerer Betrachtung dieser Frage kommen wir vermutlich zu der Einsicht, dass wir nicht viel brauchen, um glücklich zu sein. Und wir werden sehen, es sind vielleicht nicht die Dinge, die wir erwarten würden, wie Geld, Erfolg im Leben oder materielle Sicherheit. Nein, es sind die einfachen Dinge, die uns zufrieden machen. Die wir auch brauchen. Und es sind menschliche, allzu menschliche Dinge. Die Betrachtungen, die ich mit den Lesern teilen möchte, entstammen vielen psychotherapeutischen Gesprächen mit unglücklichen oder zumindest unzufriedenen Menschen. Auch wenn die Blockaden, ein zufriedenes Leben führen zu können oder sich Glück zu gönnen, oft in der eigenen Selbstbehinderung der Patienten zu finden sind, war dies meist nicht die einzige Ursache ihres Leidens. Konnten die Blockaden aufgelöst werden, war der Großteil meiner Patienten immer noch unglücklich. Es reichte offenbar nicht aus, die Mauern ihrer Gefängnisse zu sprengen. Im Gegenteil: viele wollten gar nicht aus ihrem Gefängnis herauskommen. Nun mag man vielleicht vorschnell glauben, es sei

Angst vor dem Leben außerhalb des Gefängnisses gewesen. Mein verstorbener Kollege Arno Gruen, den ich im letzten Jahr seines Lebens noch kennenlernen durfte, stellte in seinen Erfahrungen fest, dass viele Menschen deshalb kein freies Leben führen können, weil sie entweder die Verantwortung nicht übernehmen wollen oder weil sie Angst haben vor dem Ungehorsam, den es zu einem freien Leben braucht. Das mag für viele meiner Patienten zutreffen, reicht aber meiner Erfahrung nach nicht aus, um das Verharren im Unglück zu erklären.

Ich bin der Meinung, dass es wichtig und notwendig ist, Patienten zu Rebellen zu machen. Rebellen, die gegen lebensfeindliche Bedingungen und die Menschen, die diese Bedingungen schaffen oder aufrechterhalten, rebellieren. Zwar können wir in den Psychotherapien meist schnell herausfinden, gegen wen und was rebelliert werden soll und muss, doch oft fehlt den Patienten die Kraft zur Rebellion. Eine Zeit lang war mir das ein Rätsel, das auch in den Konsultationen kluger Supervisoren nicht gelöst werden konnte. Bis es mir eines Tages wie Schuppen von den Augen fiel: Die Patienten hatten nichts, wofür sie kämpfen sollten. Sie hatten zwar vieles, wogegen sie kämpfen konnten und sollten, aber die Freiheit hätte ihnen einen vielleicht schlimmeren Zustand eingebracht: den innerer Leere. Eine Patientin beschrieb dies einmal so: »Ich habe zwar keine Depression mehr, aber ich weiß nicht, wofür? Was habe ich denn jetzt noch?«

Ein anderer beschrieb den Prozess seiner Psychoanalyse als Ausmisten einer Wohnung, bei der auch die »Schmuddelecken« nicht geschont wurden. Am Ende hatte er, nachdem er allen Ballast und alles Unbrauchbare entsorgt hatte, das Gefühl, in einer leeren Wohnung zu stehen. Und das vor allem allein. Denn er hatte sich in der Therapie auch seiner unbefriedigenden Freundschaften entledigt. Das entschlüsselte stellvertretend für alle Patienten, denen es genauso oder ähnlich ging, das Rätsel. Ein Zwischenschritt war also erforderlich. Für mich selbst war die Vorstellung einer leeren Wohnung und eines bereinigten Freundschaftsportefeuilles eine verlockende Vorstellung. Könnte ich doch alles neu gestalten und mir die Möbel aussuchen, die ich mir schon lange gewünscht hatte, und meine Zeit künftig nur noch mit Menschen verbringen, mit denen ich sie auch wirklich verbringen will. Der Neuanfang hatte für mich etwas Gewinnbringendes, das mir Energie schenkte, meinen Patienten aber machte es mehr Angst und das raubte ihre Energie.

Und da wurde mir klar, dass sie keine Vorstellung davon hatten, was sie brauchten und was ihnen guttat. Man kann nicht in ein Möbelhaus gehen und dort eine neue Einrichtung aussuchen, wenn man nicht weiß, was man haben will. Genauso verhält es sich mit Menschen oder Tätigkeiten. Viele Patienten geben während einer Therapie Tätigkeiten auf, die vorher selbstverständlich erschienen, die ihnen aber jetzt vielleicht nichts mehr bedeuten. Oft passiert dies ohne aktives Zutun der Menschen. Freunde und Tätigkeiten werden wie von selbst aus den Augen verloren, verlaufen im Sand. Manchmal merken es die Patienten erst viel später. Wie man etwas, das einem nichts bedeutet, versehentlich liegen lässt und später keine Anstrengung unternimmt, es zurückzubekommen.

Dies brachte mich zu der Erkenntnis, dass viele Menschen nicht wissen, was sie wirklich brauchen, was ihnen guttut. Ich beschloss, dieses Phänomen genauer zu untersuchen.

Was braucht man, um zufrieden zu sein?

»Man braucht nicht viel, um glücklich zu sein. Es muss nur das Richtige sein.«, hat mein Lehranalytiker zu mir gesagt. Und ich finde, es stimmt. Jedenfalls war und ist das meine Erfahrung. Nicht nur in meinem eigenen Leben, sondern aus der Erfahrung mit vielen Patientinnen und Patienten. In einem muss ich ihm aber widersprechen: Glück ist eine hochpotente Droge, die wie jede Droge süchtig und abhängig machen kann. Dann heißt der Preis für die Abwesenheit der Droge Glück »Unglück«. In meinem eigenen Entwicklungsprozess habe ich den Begriff Glück durch »Zufriedenheit« ersetzt. Das ist wesentlich entspanner. Glück ist für mich, wenn ich meine Steuererklärung zu spät abgegeben habe, aber just in dieser Zeit die Computer im Finanzamt ausgefallen sind.

Was ist es also, das uns zufrieden macht? Das Erste, was wir brauchen, sind andere Menschen. Wir machen uns gern vor, dass wir fähig seien oder es sogar besser sei, ohne andere Menschen oder nur mit wenig Kontakt zu anderen auszukommen. Es ist richtig, dass andere zur Last werden können oder uns sogar in unserer Entwicklung behindern können. Viele Menschen haben nur noch pervertierte Beziehungen, bei denen sie den Kontakt nur aufrechterhalten, weil sie sich einen Gewinn daraus erhoffen. Manche Menschen können sich nicht auf andere einlassen, weil sie Angst vor Zurückweisung haben oder befürchten, ausgenutzt zu werden. Doch auch wenn dies für viele banal und selbstverständlich klingen mag, das Problem ist: Wir brauchen Beziehungen, die für beide Seiten befriedigend sind. In vielen Jahren der Psychotherapie ist mir noch kein Mensch begegnet, dessen Leiden nicht mit mindestens einer unbefriedigenden Beziehung zusammenhängt.

2 In Gemeinschaft und miteinander

Gemeinschaft und Geborgenheit

Wenn Menschen zu mir kommen, sehe ich sie nicht als Kranke an, sondern als Hilfesuchende, die an einem Punkt ihres Lebens feststecken und nicht mehr allein aus der Klemme kommen. Was ich in 30 Jahren festgestellt habe, war, dass alle Patienten zwei Konfliktgebiete hatten und entweder in einem oder nicht allzu selten in beiden litten. Viele kommen mit Beziehungsschwierigkeiten zu mir. Damit meine ich grundsätzlich alle zwischenmenschlichen Bindungen dieses Menschen, meist betrifft es aber die Partnerschaft.

Das andere Konfliktfeld war und ist der Beruf. Ein falsch gewählter Partner kann einem das Leben ebenso vergällen wie ein falsch gewählter Beruf beziehungsweise Arbeitsplatz. Auf die Berufswahl gehe ich später noch ein. Fangen wir damit an, weshalb zwischenmenschliche Bindungen für uns so essenziell wichtig sind.

Befriedigende Beziehungen stabilisieren nicht nur unsere Psyche und unser Selbst. Sie gestalten es überhaupt erst. Unbefriedigende Beziehungen können es deformieren, auch das ist richtig. Unser Leben beginnt glücklicherweise mit zwei anderen Menschen, die uns im besten Fall wohlgesonnen sind, die uns wahrnehmen, auf unsere Äußerungen reagieren und mit uns in einen wechselseitigen Kontakt treten, den wir Kommunikation nennen. Es entsteht Nähe. Zwischenmenschliche Nähe ist unser wichtigstes Bedürfnis, zu deren Gunsten wir im besten Fall, also wenn die Beziehung befriedigend ist, unsere selbstbezogenen und egoistischen Motive aufgeben. Doch gerade heute haben viele Menschen Angst vor dieser Nähe. Auf die Ursachen hierfür werde ich später eingehen.

Das Gefühl der Nähe ist, wenn es angstfrei gelebt wird, ein großer Quell von Lebensfreude und Zufriedenheit.

Haben Menschen noch das Glück, in einer stabilen Gemeinschaft, also mit vielen befriedigenden Beziehungen leben zu können, wird auch das Grundbedürfnis nach Geborgenheit und Schutz befriedigt. Gerade diese Gemeinschaften werden als sehr befriedigend und angstfrei erlebt. Sie sorgen für Mut, Zuversicht und Vertrauen in die Welt und die eigene Person. Leider gibt es diese Gemeinschaften in unserer Kultur so gut wie gar nicht mehr. Ich habe sie nur bei meiner Beschäftigung mit anderen Kulturen gefunden. Bei den Zanskari, einem Volk, das im indischen Staat Kaschmir in der zweiten Himalaja-Kette in Dörfern lebt, in denen es keinen Strom und keine Wasserversorgung gibt, habe ich mich nach kurzer Zeit als Teil ihrer Gemeinschaft gefühlt. Eine schwere Erkrankung, ein komplizierter Knochenbruch, hätte vermutlich meinen sicheren Tod bedeutet. Trotzdem habe ich mich so geborgen und sicher gefühlt, wie ich es bewusst vorher nicht erlebt habe. Ich betone hier bewusst, weil ich glaube, dass ich dieses Gefühl als kleines Kind gekannt habe, in einer Zeit, an die ich keine Erinnerung habe. Das Glücksgefühl entsprach dem Gefühl der Verliebtheit. Unsere Erziehung als Anpassung unserer Fähigkeiten an die Anforderungen der Realität bewirkt, dass wir diesen elterlichen Geborgenheitsschutz verlieren. Vielleicht verlieren wir ihn nicht ganz, aber wir können uns nach Wahrnehmung des »Draußen« nicht mehr so gemütlich und naiv darin einkuscheln. Das ist in Gemeinschaftskulturen nicht anders, nur bleibt bei ihnen die Gemeinschaftsgeborgenheit ein Leben lang erhalten. Bei den Ovahimba in Namibia wird die mütterliche Einzelbindung schnell durch eine Bindung an alle Frauen des Dorfes ergänzt. Alle Frauen werden zur Mutter, was eine Kollegin dazu gebracht hat, den Begriff »Dorfmutter« hierfür zu prägen.

In unserer Kultur verlieren wir die Geborgenheit. Das liegt zum einen daran, dass wir keine gesunden Gemeinschaften mehr haben, und zum anderen daran, dass sich neue Gemeinschaften nicht künstlich konstruieren lassen. Sind nicht die gleichen Bedingungen, wie wir sie in der Zeit unserer frühen Geborgenheit erlebt haben, vorhanden, scheitert das Ganze. In der Psychotherapie ist es nicht anders: Fühlt sich der Patient nicht geborgen, ist die Therapie zum Scheitern verurteilt.

Weil wir ohne Geborgenheit nicht leben können und diese in Gemeinschaften nicht mehr bekommen, suchen und finden wir sie in unseren Liebesbeziehungen. Dass Liebesbeziehungen in der westlichen Welt zum Ersatz für die Gemeinschaftsbindung geworden sind, bringt neue Probleme mit sich: bei vielen die permanente Angst vor Beziehungsverlust, aber auch die dauernde Diskrepanz zwischen unseren Bindungsbedürfnissen und unseren menschenimmanenten Freiheits- und Vagabundierbedürfnissen. Beides findet man so nicht in den Gemeinschaftskulturen. Hier wird passageres Vagabundieren geduldet und die Angst vor Bindungsverlust ist nicht permanent präsent. Weil der Mensch eine Bindung an die Gemeinschaft hat, kann er es sich erlauben, anderer Meinung zu sein oder Krach mit einem Einzelnen zu haben. Aus einer Dorfgemeinschaft herausgeworfen zu werden, ist die höchste Strafe solcher Gemeinschaftskulturen. Dies schützt im Übrigen auch die Gemeinschaft und den Einzelnen vor verpönten Handlungen, welche wir als Straftaten bezeichnen würden.

Weggefährten

In westlichen Kulturen wie in Gemeinschaftskulturen gibt es das Bedürfnis nach Weggefährten. Das Leben allein zu meistern ist schwierig und unbefriedigend. Mit Gleichgesinnten an der Seite ist es leichter und befriedigender als allein. Und erfahrungsgemäß sind Menschen mit Unterstützern erfolgreicher. Hier reicht die gute Bindung nicht aus, der Weggefährte muss sich auch mit den Zielen des anderen identifizieren. Diese Aufgabe übernehmen zuerst die Eltern, dann Freunde oder Geschwister. In unserer Kultur ersetzen oft die Partner Freunde und Geschwister als Wegbegleiter. Bei den Gemeinschaftskulturen bleiben Freunde und Geschwister Wegbegleiter. Dies liegt zum einen daran, dass unsere Geschwister oder Freunde meist andere Wege gehen als wir. Selten wohnen wir nach unserer Individuation am selben Ort. Das ist in den Gemeinschaftskulturen anders. Hier bleibt man traditionell in der Gemeinschaft, verbringt mit den anderen das ganze Leben. Dadurch hat der Einzelne immer wieder auf die Menschen seiner Altersgruppe Zugriff. Es kommt meiner Erfahrung nach noch etwas Wesentliches bei den Gemeinschaftskulturen hinzu: Andere werden nur als »passagere« oder temporäre Wegbegleiter angefragt. Unbewusst sucht man sich einen Unterstützer, der sich mit diesem Ziel, das ich verwirklichen will, identifizieren kann oder gerade die gleiche Entwicklung durchmacht.

Da wir keine Gemeinschaften mehr haben, wird auch hier auf die Liebespartner zurückgegriffen. Dies führt oft zu Schwierigkeiten, weil der andere nicht immer die gleichen Ziele hat, vielleicht sogar gegen ein Ziel eingestellt ist, und auch nicht immer die gleichen Entwicklungsaufgaben zu bewältigen hat beziehungsweise diese vielleicht lieber allein bewältigen möchte oder die Unterstützung bei jemand anderem, zum Beispiel einem Gleichgeschlechtlichen, sucht.

Hinzu kommt, dass dann ein Phänomen in Liebesbeziehungen auftritt, das ich als »Vergeschwisterung« oder »Hänsel-und-Gretel-Ehe« bezeichnet habe: Der Partner verliert nicht nur seine Rolle als sexuell begehrenswerte Person, sondern kann sogar in eine aversive Position geraten, in der Sexualität zu einem Tabu wird. Dieses Phänomen haben auch Westermarck (1902) und Sheper (1983) beschrieben.

Geborgenheit

Wir sind nicht gern einsam. Menschen sind gesellige Lebewesen. Wir setzen uns ungern in leere Restaurants oder Cafés, wenn wir allein unterwegs sind. Auch wenn wir die anderen Gäste nicht kennen, geben sie uns ein Stück Sicherheit und Geborgenheit – das ist einer der Gründe, warum in Wien und Paris die Literatencafés im letzten Jahrhundert so eine Blütezeit erlebt haben. Geborgenheit ist ein Grundbedürfnis, das wir ohne andere nicht erreichen. Manchmal erzeugen natürlich auch Räume ohne andere Menschen Geborgenheit. Allerdings glaube ich, dass hier Erinnerungen aus dem Unbewussten mobilisiert werden, die mit Erfahrungen von Geborgenheit bei anderen Menschen zu tun haben. Wir sehen ein Zimmer, das Elemente des Wohnzimmers der Großmutter hat, bei der wir uns immer sehr wohl- und sicher gefühlt haben. Wir erinnern uns nicht an das Wohnzimmer der Großmutter. Vielmehr erinnern wir uns unbewusst an das Gefühl der Geborgenheit, das durch das alte Sofa oder den Geruch des Zimmers, in dem wir uns im Hier und Jetzt geborgen fühlen, ausgelöst wird. Ein Patient hat mir einmal gestanden, dass er sein Wohnzimmer bei sich zu Hause exakt so wie mein Behandlungszimmer gestaltet habe. Er war trotz mannigfacher erotischer Abenteuer ein tief einsamer Mensch, der sich in der Behandlung zum ersten Mal getraut hat, vor allem sich selbst einzugestehen, dass ihm Geborgenheit fehlt und er große Angst davor hat, sich darauf einzulassen. Auf die Angst davor möchte ich später eingehen.

Spiegelung und Unterstützung

Dem Psychoanalytiker Heinz Kohut ist es zu verdanken, dass wir heute eine präzise Vorstellung davon haben, wie sich unser Selbstwertgefühl entwickelt und was wir brauchen, um es stabil zu halten. Nur wenige Elemente sind nötig, um dem jungen Menschen dazu zu verhelfen, ein stabiles und gesundes Selbstwertgefühl zu entwickeln. Zunächst ist der »Glanz in den Augen der Mutter« wichtig, damit sich der Säugling nicht nur gesehen, also als existent wahrgenommen fühlt, sondern auch spürt, dass andere sich an seiner Existenz freuen. Dieses existenziell notwendige Bedürfnis behalten wir ein Leben lang. Wenn wir in eine neue Gruppe kommen, einen neuen Arbeitsplatz annehmen oder jemanden kennenlernen, fühlt es sich gut an, wenn wir den Glanz in den Augen der anderen sehen. Wenn wir merken, wenn wir spüren, dass der oder die anderen sich über uns freuen. Und welch schlechter Anfang ist es, wenn wir nur sachlich begrüßt werden oder, was noch fataler ist, misstrauisch oder argwöhnisch empfangen werden.

Dabei muss der Glanz in den Augen des anderen ehrlich sein, »von innen kommen«. Die Authentizität in der Begegnung ist ein weiteres, wesentliches menschliches Bedürfnis und eine Grundvoraussetzung befriedigender menschlicher Kontakte und Beziehungen. Jede Form der gespielten, künstlichen, angelernten oder erzwungenen Freundlichkeit verhindert den unmittelbaren Kontakt und die Nähe zum anderen. Wir können leicht erkennen, wenn ein anderer unehrlich ist, auch wenn gespielte Freundlichkeit oder gespieltes Interesse der Regelfall in unserer Kultur geworden zu sein scheint. Dabei will ich nicht unterstellen, dass diese Menschen sich aus Kalkül verstellen. Ich denke, es ist eher zu einer Unsicherheit geworden, sich im Kontakt mit anderen zu öffnen. Die häufigste Angst ist es, dadurch verletzbar zu werden, dass andere uns Fehler nicht verzeihen und wir ein schlechtes Bild beim anderen hinterlassen, das nur schwer oder gar nicht mehr korrigierbar erscheint. Oder dass wir vom anderen abgelehnt oder gar verlassen werden könnten. Oder dass wir erfahren könnten, dass wir dem anderen nicht wichtig waren und uns in der Wahrnehmung seiner Freundlichkeit und Zuwendung zu uns getäuscht haben. Aber neben der Enttäuschungsprophylaxe spielt oft, vielleicht sogar noch häufiger als die Angst vor Enttäuschung, die Angst vor Erfüllung eine große Rolle. Oder wie Oscar Wilde es in »Lady Wintermeres Fächer« ausdrückte: »Es gibt nur zwei Tragödien im Leben. Die eine besteht darin, dass man nicht bekommt, was man sich wünscht, und die andere darin, dass man es bekommt.«

Ein junger Mann kam zu mir in die Behandlung, weil er Angst vor der Begegnung mit dem weiblichen Geschlecht hatte. Er hatte in seiner Universität gute Sozialkontakte, war beliebt und anerkannt. Was zu seinem Glück noch fehlte, war eine Freundin. Doch hieran scheiterte er. Im analytischen Prozess fanden wir heraus, dass er Angst vor Ablehnung und dem Verlust seines Rufes hatte – er fürchtete, als Lustmolch aus der Universität geworfen zu werden. Dies ließ sich nicht bearbeiten – seine Ängste verstärkten sich nur. Ich entschloss mich, ihm eine Aufgabe zu stellen, die ihn aus seiner inneren Zwickmühle herausbringen sollte: Er sollte in der Cafeteria vier Studentinnen ansprechen und sich mit ihnen verabreden. Vorher würde ich ihm keine weiteren Stunden mehr geben. Schon bald kam er wieder. Keine der Angesprochenen hatte unwirsch oder ablehnend reagiert. Im Gegenteil: Alle hatten sich darüber gefreut. Die ersten drei waren in einer festen Bindung und wollten Verwicklungen aus dem Weg gehen. Die Vierte gab dem Patienten ihre Telefonnummer. Als ich ihn fragte, ob er sich schon verabredet habe, gestand er mir mit gesenktem Haupt, dass er den Zettel mit der Telefonnummer in der Cafeteria vergessen hatte. Damit wurde auch ihm klar, wie groß seine Angst vor der Erfüllung dieses Herzenswunsches war.

Dem jungen Mann ging es nicht primär um Sexualität, sondern um die Nähe zu einem geliebten Menschen. Davor hatte er Angst, denn die vierte Studentin hatte dieses Bedürfnis offensichtlich auch.

Nun könnte man schnell geneigt sein, diese Not auf klinische Ursachen zurückzuführen, welche sicherlich oft für die Scheu vor Nähe verantwortlich sind. Bei der Mehrzahl der Menschen sind es andere Ursachen. Nicht nur, dass wir unsere Fähigkeit zur Nähe verloren haben, wir haben auch ein Unbehagen und Angst vor Nähe entwickelt.

Die Angst und die Vorsicht, die daraus entstehen, erscheinen zunächst etwas paradox.

Umgang mit anderen

Was wir anderen zufügen, kommt auf uns zurück

Tenzin Wankshuk kommt aufgeregt zu mir: »Der Lama hat gesagt, Ihr sollt heute zu ihm kommen. Zum Tee.« Der Lama, welcher Lama? Na, da oben in der Gompa. Ich komme mir irgendwie überrumpelt vor, aber auch etwas schuldig. Hätte ich das wissen müssen? Hätte ich um eine Audienz beim Lama ersuchen müssen? Habe ich einen großen Fauxpas begangen? Ich kann ihm gar nichts mitbringen. Meinen letzten Katak, den üblichen weißen Schal als Geschenk für einen buddhistischen Würdenträger, hatte ich bei einem Headlama gelassen, dessen Name ich leider vergessen habe. Ich kann ihm nichts schenken. Außer meine Zeit. »Spricht der Lama Ladakhi?«, will ich von Tenzin wissen. »Nein, nur Urdu.« Unser Dolmetscher bei dieser Forschungsreise spricht nur Ladakhi und mindestens genauso schlechtes Englisch wie ich. Er ist Student für Elektrotechnik in Srinagar. Und er besitzt die Begabung, Stimmungen zu zerstören. Eine gute Gelegenheit, die Nervensäge nicht mitzunehmen.

Tashi Tsering steht oben an der Brüstung seiner Gompa. Mit scheinbar gelassener Unbeteiligtheit beobachtet er, wie wir Westeuropäer die steile Strecke hochhecheln. Oben heißt er uns mit einer Verbeugung willkommen. Er bittet uns in einen Raum, den wir vermutlich als Wohnzimmer bezeichnen würden. Jedenfalls gibt es hier einen Tisch und einen unbeschreiblichen Ausblick über das Zanskartal. Tashi Tsering kommt mit einem großen Kessel dampfenden Tees aus der Küche zurück. Als er ihn einschenkt, bin ich beruhigt: kein Buttertee. Eine Delikatesse im Himalaya, aber nicht für meinen Magen. Es wäre mir sehr peinlich gewesen, wenn ich ihm diese Delikatesse vor die Tür seiner Gompa gekotzt hätte. Tashi Tsering öffnet eine Schachtel mit Keksen. Wir trinken den Tee, knabbern die Kekse und schauen zum Fenster hinaus. Wechseln die ganze Zeit kein Wort. Schauen uns nicht einmal an. Und trotzdem entsteht kein beklemmendes Gefühl. Dann steht der Lama plötzlich auf und gibt uns durch Handzeichen zu verstehen, dass es bald dunkel wird und wir besser im Hellen gehen sollten. Wir verabschieden uns mit einer gegenseitigen Verbeugung. Der Lama hatte recht, es wurde rasch dunkel.

Unten kommen uns schon Tenzin Wankshuk und sein Sohn Dorshe mit Petroleumlampen entgegen. Wir gehen zu ihm. Essen Chapatis und trinken Tee. Plötzlich klopft es an der Tür. Tashi Tsering, der Lama, steht vor der Tür. Ich bin völlig verdutzt. Was denn sei, will ich von unserem Gastvater wissen. Der Lama hält mir eine halb volle Plastikflasche mit Wasser entgegen. Die hatten wir dort vergessen.

Aber das wäre doch nicht nötig gewesen, will ich zu verstehen geben. Doch, insistiert Tenzin Wankshuk. Das hätte sonst ein schlechtes Karma gegeben. Eine Wasserflasche für fünf Rupien, also etwa fünf Cent. Und Tashi Tsering ist ohne Lampe gekommen.

Man mag an die Wiedergeburt glauben oder nicht. Der Lama tut es. Vielleicht will er auch nur ganz sichergehen, falls es stimmt. Im buddhistischen Glauben ist es wichtig, ähnlich wie im christlichen Glauben, dass die Bilanz zwischen guten und schlechten Handlungen stimmt, sie spielt für das nächste Leben eine gewichtige Rolle. Die Bilanz von Taten, die anderen geschadet haben, und solchen, die für andere gut waren. Während auf der christlichen Seite am Ende eine göttliche Instanz darüber entscheidet, wo man im Jenseits leben darf, scheint es im Buddhismus ein Gesetz zu sein. Wer viel Gutes oder gar nur Gutes auf seinem »Karma-Konto« angesammelt hat, darf hoffen, als Mensch wiedergeboren zu werden. Vielleicht sogar in einer besseren Stellung, als Lama, als Lampoche oder als Dalai Lama. Wer am Ende einen schlechten oder gar negativen Kontostand aufweist, kommt als Tier oder Insekt oder als Wurm wieder zur Welt. Sie ahnen, wie die Reihenfolge ist. Im neuen Leben muss er dann in der Form, in der er »reinkarniert« wird, wieder »Punkte sammeln«. Versuchen Sie das mal als Kakerlake! Obwohl, das sind eigentlich ganz nette Tiere. Sehen nicht schick aus, fressen aber nur so viel, wie sie brauchen, verbreiten keine Krankheiten und überstehen den Atomkrieg. Wenn wir den Menschen dagegenhalten: Der »frisst« (oder sammelt) mehr, als er braucht, verbreitet Krankheiten und hat den Atomkrieg erfunden. Einzig bleibt ihm sein (aus Menschensicht) besseres Aussehen.

Ich behaupte, und meine Erfahrungen geben mir da recht, dass alles, was wir anderen »antun«, auf uns zurückkommt. Ich frage Tamara, eine gute Freundin, wie ich das wiedergutmachen kann. Tamara hat mir geholfen, als mir ein schweres Schicksal widerfahren ist. Ohne sie hätte ich es nicht geschafft. Tamara sagt ganz bescheiden: »Ich brauch nichts, ich habe alles, was ich brauche, bin glücklich. Hilf irgendjemand anderem, der wirklich Hilfe braucht, so wie du jetzt, dann kommt es schon irgendwie wieder zu mir zurück. – Ich glaube«, verrät sie mir mit leiserer Stimme, »dass wir alle miteinander in Verbindung stehen. Und wenn es einmal um die Welt reist, es kommt irgendwann zu mir zurück.« Ein paar Jahre später hat sie einen tollen Mann kennengelernt, genau den richtigen, ein Juwel von Mann. Das hatte ihr doch noch gefehlt.

Wenn Sie nicht so mystisch veranlagt sind: Zum einen spüren andere, welche innere Haltung wir haben. Wir spüren, ob der Autoverkäufer ehrlich ist, ob wir beim Vorstellungsgespräch gut ankommen oder ob jemand ein Schlitzohr oder ein Halunke ist, ob der nette Mann, der uns gerade angesprochen hat, nur auf ein schnelles Abenteuer aus ist. Zum anderen prägen Handlungen auch unseren Charakter. Irgendwann spürt man, und das immer deutlicher, ob jemand seine Mitmenschen ernst nimmt oder ob er sie nur benutzen oder ausnehmen will, ob er vom »Stamme Nimm« ist.

Melanie Klein, eine bekannte englische Psychoanalytikerin, hat einmal den Begriff des »guten Objekts« geprägt. Damit meint sie eine innere Instanz unserer Persönlichkeit, die der Person selbst, aber auch anderen wohlgesonnen ist. Ob sie das Schwache schätzt und schützt, ob sie hilft, wenn es notwendig ist. Dieses innere gute Objekt bringen wir Menschen als Keim bei unserer Geburt mit, ebenso wie den Gegenspieler: das böse Objekt. Es kommt auf uns an, welche Pflanze wir gießen und pflegen und welche wir vertrocknen lassen. Aufgabe der Psychoanalyse ist es, das gute Objekt im Menschen wiederzuentdecken, zu befreien oder wiederzubeleben. Psychoanalytiker und Psychotherapeut bin ich übrigens auch geworden, weil ich mich so zeitlebens mit dem »guten Objekt« beschäftigen kann.

Wer Gutes tut, bringt sein gutes Objekt zum Blühen. Ich spreche hier nicht von altruistischem Verzicht. Ich bin allerdings auch weder utilitaristischer Hedonist noch Anhänger von Epikur. Ich bin nicht einmal Akademiker – ich bin am ehesten Peripatetiker. Einfache Lösungen sind mir suspekt, ich bin lieber auf der Suche.

3 Gefühle

Zuneigung

Zunächst mag der Schluss naheliegen, dass wir die Liebe anderer Menschen brauchen. Da ist sicherlich etwas dran. Nach meiner Erfahrung ist die Liebe anderer aber ein zweischneidiges Schwert. Was recht eindeutig ist: Wir wollen von anderen gesehen und wahrgenommen werden. Wir wollen nicht nur in unserer Existenz gesehen werden, sondern wir sehnen uns nach dem Gefühl, einen festen Platz auf dieser Welt zu haben. Und wir wollen für andere wichtig sein. Nicht nur einen Platz in der Gemeinschaft zu haben, sondern für diese oder für Einzelne darin nützlich zu sein. Wir helfen nämlich gern. Die Belohnung der Hilfe ist es, zu erleben, dass es dem anderen besser geht. Dass er vielleicht von einem Übel, einer Zwickmühle, einem Dilemma erlöst ist. Das Gefühl des Helfens ist dem Gefühl, das man beim Beschenken eines anderen Menschen hat, sehr ähnlich. Der Schenker ist der eigentlich Beschenkte, kann er sich doch an der Freude des anderen erfreuen. Das Ablehnen von Hilfe löst oft die gleiche Verletzung aus wie das Zurückweisen eines Geschenkes. Noch mehr: Ich denke, anderen zu helfen ist das schönste Geschenk, das Menschen anderen machen können.

Dennoch gibt es hier eine Einschränkung. Üblicherweise helfen wir, soweit wir können, immer. Aber nicht immer tun wir es mit der gleichen Hingabe. Wird ein Hilfsangebot, das wir nur aus Pflichtgefühl gemacht haben, abgelehnt, sind wir oft froh darüber, dass uns »diese Mühe erspart geblieben ist«. Denn es gibt einen wesentlichen Unterschied in der Qualität von Beziehungen, den wir uns im nächsten Kapital ansehen werden.

Doch zunächst will ich noch einmal auf die Frage zurückkommen, ob wir die Liebe anderer brauchen. Sie bleibt schwierig zu beantworten. Sicher ist auf jeden Fall eines: Wir brauchen die Zuwendung anderer. Die Liebe anderer scheint mir jedoch nicht ungefährlich zu sein. Zu leicht ist sie mit Selbstverliebtheit oder mangelnder Selbstwertschätzung verbunden – ein Phänomen, das wir Narzissmus nennen. Die Liebe anderer kann leicht zur Sucht werden. Der Selbstverliebte braucht sie, um seine Grandiosität permanent gespiegelt zu bekommen, ebenso wie derjenige, der sein Selbst nicht wertschätzt, um überhaupt ein wenig Wertschätzung zu bekommen.

Warum ist Liebe noch gefährlich? Hierzu müssen wir uns unsere frühe Kindheit ansehen. Menschen sind Frühgeburten. Das liegt daran, dass unsere Gehirne so groß sind, dass die Geburt nicht mehr klappen würde, wenn wir ganz ausgewachsen wären. Diesen Umstand haben wir Menschen zwei zufälligen Genmutationen zu verdanken. Vor fünf Millionen Jahren mutierte das Gen ARHGAP 11 A zum Gen ARHGAP 11B. Das neue Gen bewirkt eine höhere Zellverdopplungsrate. Zunächst passierte nichts, weil das Gen an der falschen Stelle saß, bis vor einer Million Jahren das neue Gen in die Mitochondrien der Gehirnzellen abwanderte. Seither wächst das menschliche Gehirn unaufhörlich. Der Rest wächst nicht mit, Gebärmutter und Becken konnten sich in der Kürze der Zeit nicht anpassen, sodass die »Frühgeburt« die einzig mögliche Lösung in der Evolution des Menschen war.

Deshalb brauchen kleine Menschen die »soziale Gebärmutter«, wie es die begnadete Erforscherin der Beziehung von Kindern zu ihren Müttern, Margret Mahler (1980), beschrieben hat. Kleine Kinder brauchen die Geborgenheit und Sicherheit mütterlicher und väterlicher Liebe, um ein Urvertrauen zu entwickeln, ein Begriff, den der Entwicklungsforscher Erik Homer Erikson (1966) geprägt hat. Urvertrauen entsteht durch den Verlust der Angst vor dem Alleingelassenwerden, was für den Säugling den Tod bedeuten würde, es wächst durch das Erleben einer stabilen Zuwendung. Dann fühlen sich Menschen sicher, gehalten und geborgen. Die Medaille hat aber eine Kehrseite. So wie wir aus der körperlichen Gebärmutter herausmüssen, so müssen und wollen wir auch aus der sozialen Gebärmutter heraus. Wir wollen uns entwickeln, die Welt und uns selbst erkunden. Uns selbst ausprobieren. Und verbessern. Neugier und der unbändige Antrieb, sich weiterzuentwickeln, sind Motoren, die das eigene Selbst und letztlich die Menschheit weiterbringen. Letzteres natürlich nicht immer, Entwicklungen, Entdeckungen oder Erfindungen können bekanntlich auch Schaden anrichten. Zu viel Liebe kann gefährlich sein; die Liebe sogenannter Helikopter-Eltern kann zu einem extremen Hemmschuh werden, weil sie die »natürliche« kindliche Unsicherheit verstärkt und das Kind im Glauben lässt, dass es vieles allein nicht schafft. Diese Kinder können schon mal das Sparschwein für den Psychiater aufstellen.

Wir wollen ein Leben lang entdecken und uns weiterentwickeln. Das gelingt jedoch nicht, wenn wir »im Nest« bleiben. Sobald ein Säugling krabbeln kann, ist er kaum noch zu bremsen. Kann er erst klettern und Schubladen öffnen, wird er seine Entschlossenheit, sich diese Welt zu eigen zu machen, deutlich zeigen.

Einsamkeit und Hingabe

Wir leiden unter Einsamkeit, weil wir uns dann nicht geborgen fühlen. Da mag der Schluss naheliegen, dass wir nur leiden, weil wir die Liebe und die Geborgenheit anderer Menschen brauchen. Aus der Einsamkeitsforschung wissen wir jedoch, dass Menschen mehr darunter leiden, wenn sie anderen keine Liebe und Geborgenheit geben können. Dies hat der amerikanische Einsamkeitsforscher Robert Weiss (1975) in den 1970er-Jahren herausgefunden. Aber auch ohne Forschung belegt uns die Alltagserfahrung, dass dies stimmt, wenn wir daran denken, wie viele einsame Menschen sich Haustiere zulegen, um die sie sich liebevoll kümmern. Und das müssen nicht immer nur Katzen oder Hunde sein, also Tiere, bei denen man sagen könnte, sie erwidern unsere Zuwendung. Es sind bei vielen auch Fische, Insekten oder Reptilien, ja, sogar ekelerregende, gefährliche oder giftige Tiere, bei denen jede Form körperlicher Zuwendung unangenehm oder tödlich wäre. Dennoch geben sich die Tierfreunde voll Liebe und Hingabe der Pflege dieser Tiere hin. Es muss nicht einmal eine Beziehung zu einem bestimmten Tier sein, sondern nur zu einer Art oder Gattung an sich, wie dies bei Tierschützern, die sich für Lebewesen im Wald einsetzen, der Fall ist. Oft bekommen sie diese Lebewesen gar nicht zu Gesicht. Ich habe einmal ein Experiment mit meinem Sohn gemacht. Wir haben einen Vogelnistkasten aufgehängt und darin eine kleine Kamera eingebaut. Die Live-Übertragung des Brutvorgangs, das Schlüpfen der Vögel, aber vor allem die liebevolle Fütterung ließen nicht nur meinen Sohn, sondern alle Beobachter in Verzückung geraten. Obwohl das Bild nur schwarz-weiß war, da wir keine störende Lampe aufgehängt haben.

Das Geben von Liebe ist ein wesentliches Grundbedürfnis von uns Menschen. Wird es nicht erfüllt, leiden wir. Das Versorgen, Verwöhnen, »Füttern« und Unterstützen anderer Menschen gibt uns große Zufriedenheit und beschert uns immer wieder Glücksmomente, während die Versagung oder Entbehrung uns sehr leiden lässt. Man könnte fast sagen, unsere Seele hat Hunger danach, anderen Zuwendung zu geben.

Dieses Bedürfnis macht neben anderen, oft weniger netten Eigenschaften nicht nur den Erfolg der Spezies Mensch aus, sondern hat letztlich auch das Überleben unserer Art gesichert. Hätten wir nicht mehr Lust, Liebe zu geben, als anderen Schaden zuzufügen, hätten wir uns in der Urzeit vermutlich schon mit Stöcken und Steinen gegenseitig ausgerottet.

Nähe

Unsere Scheu vor Nähe kann pathologische Gründe haben. Nach früher Enttäuschung oder Missbrauch kindlicher Nähewünsche will sich der verletzte Mensch vor erneuter Verletzung oder Enttäuschung schützen. Muss es vermutlich auch tun, weil er sonst in einen Strudel von Selbstabwertung gerät, aus dem er allein nicht mehr herauskommt.

Interessanterweise kommt die Nähescheu aber auch bei den meisten gesunden Menschen vor. Ich erwarte natürlich keine unsensible Distanzlosigkeit quasi als natürlichen Gegenpol. Nähe, egal ob seelisch oder körperlich, bedarf der Zustimmung des anderen.

Was ich hier meine, ist eine Scheu vor dem Bedürfnis an sich. Genau genommen, dem Zulassen dieser Bedürfnisse. Wir können nicht mehr einfach und natürlich diese Bedürfnisse ernst nehmen und ihnen Raum geben. Warum geht es nicht (mehr), einfach zu jemandem zu sagen: »Darf ich mich etwas zu Ihnen setzen?« »Ja, warum?« »Och, einfach, weil Sie so charmant sind.«

Das hört jeder gern. Aber manchmal möchte, manchmal muss man einfach seine Ruhe haben. Und auf der anderen Seite traut sich der oder die Angesprochene dann nicht mehr zu sagen: »Das schmeichelt mir sehr. Aber entschuldigen Sie, ich brauche gerade etwas Zeit für mich. Vielleicht später.« Oberflächlich scheint es die Angst vor Peinlichkeit zu sein – ich glaube, dass eher Angst vor Zurückweisung dahintersteckt. Und dahinter lauert unsere Angst vor der eigenen Enttäuschungswut. Das erklärt einen Teil unserer selbstgehemmten Vorsicht. Es gibt aber noch weitere Ursachen für unsere Hemmung. Einerseits könnten wir auch im positiven Sinn den Respekt für die Selbstbestimmung und die Privatsphäre des anderen anführen. Diese kann jedoch gewahrt werden, indem ich mir bei dem anderen die Erlaubnis hole und ihm die Option der Abweisung von vornherein einräume. Und indem ich als starker Charakter diese ohne Wut oder Rachegedanken mit einem einfachen »Schade« hinnehmen kann. Mit dem Recht, es noch einmal zu versuchen, es sei denn, der andere hätte unmissverständlich signalisiert, dass er überhaupt keinen Kontakt will.

Eine endgültige Ablehnung, der Kontaktabbruch oder die Kontaktsperre treffen einen tief sitzenden Nerv in uns. Es ist nicht nur die persönliche Verletzung. Der Ausschluss erfasst sofort menschlich-existenzielle Urängste. Aus der Gemeinschaft ausgeschlossen zu werden, kommt in der evolutionären Tiefe unserer Existenz einem Todesurteil gleich. Einem qualvollen Tod, in der Einsamkeit verhungern zu müssen, ohne den Schutz der Gemeinschaft allen Gefahren hilflos ausgeliefert. Dies ist in unserem Stammhirn abgespeichert und sorgt für die existenziellen Ängste, die nüchtern oder von außen betrachtet maßlos übertrieben erscheinen.

Die gleichen Ängste werden übrigens beim Säugling geweckt, wenn die Mutter abwesend ist und auf seine Hilferufe nicht oder für seine Verhältnisse sehr spät reagiert, aber auch in Liebesbeziehungen. Wenn einer geht oder im Begriff ist, die Beziehung zu beenden, reagieren Menschen in unserer Kultur meist, als sei ihr Leben unmittelbar bedroht, als könnten sie ohne den oder die andere nicht existieren, obwohl sie vielleicht schon Jahre oder Jahrzehnte ein eigenständiges, unabhängiges Leben gut bewältigt haben. Plötzlich reagieren sie wie Kinder und sind für sachliche Argumente oder Beschwichtigungen nicht mehr erreichbar. Das ist verständlich, weil das Angstprogramm im Stammhirn wirksam geworden ist.

Warum ist das so? Warum reagieren Menschen in unserer Kultur so heftig? Ich sage bewusst »unsere Kultur«, weil ich es in Gemeinschaftskulturen nicht so erlebt habe. Der Grund ist die singuläre Beziehung zu unserer Mutter. Wir brauchen, wenn wir noch hilflos sind und die Welt unüberschaubar und nicht zu bewältigen erscheint (und auch ist), eine psychisch stabile Mutter, die unsere Bedürfnisse spürt, unsere Äußerungen versteht, uns schützen, nähren und am Leben erhalten kann. »Mutter« steht hier für eine wichtige Funktion des Schutzes, der Geborgenheit und Sicherheit. Diese Aufgabe kann von unterschiedlichen Geschlechtern übernommen werden und von mehreren Personen. In unserer Kultur wird sie meist von einer einzigen Person übernommen, was eine gefährliche Abhängigkeit zur Folge hat in verschiedener Hinsicht beziehungsweise an verschiedenen Punkten unserer menschlichen Entwicklung. Gibt es nur eine Person, die unser Überleben sichert, sind wir einem großen Risiko ausgesetzt. Wir dürfen diese Person nicht verlieren. Wir dürfen diese Person nicht verärgern. Sonst sind wir, so signalisiert uns unser Stammhirn, unser »biologisches Betriebssystem«, etwas modern betrachtet, möglicherweise in Lebensgefahr. Die Ratio, unsere Vernunft, hat keine Chance, dagegen Einspruch zu erheben. Unsere Urinstinkte haben die Kontrolle übernommen.

In sogenannten Gemeinschaftskulturen ist die Bindung an

eine Person, also an die leibliche Mutter, nicht so stark. Hier übernehmen in den meisten Fällen alle Frauen eines Dorfes die von mir beschriebene Mutteraufgabe. Das Kind bekommt »eine Dorfmutter«. Und es ist ziemlich schwierig bis unmöglich, eine ganze Dorfgemeinschaft gegen sich aufzubringen. So habe ich es zum Beispiel bei den Ovahimba in Namibia erlebt. Der Begriff »Mutter« steht in ihrer Sprache für die Person, die das Kind in sich getragen und zur Welt gebracht hat. Da Ovahimba keinen Besitz kennen, gibt es den auch nicht auf Kinder bezogen – oder auf Partner. Kinder gehören niemandem, werden vom ganzen Dorf großgezogen. So kann eine Mutter einfach das Dorf verlassen und ihr Kind zurücklassen. Weint es, kommt sofort eine andere Mutter und tröstet oder stillt es. Niemand würde sie als Rabenmutter verdammen, ihr Vorwürfe machen oder gar das Jugendamt auf den Hals hetzen. Die Mutter gehört schließlich niemandem, auch nicht ihrem Kind. Jeder gehört sich selbst. In Bezug auf Partnerschaften führt dies bei den Ovahimba zu großer sexueller Freizügigkeit. Warum sollte mein Nachbar nicht mit meiner Frau schlafen dürfen? Ich schätze ihn doch sehr. Und gegenseitiger Respekt spielt bei den Ovahimba eine große Rolle. Durch diese Umstände haben Frauen bei den Ovahimba eine größtmögliche sexuelle Selbstbestimmung, die ihnen eine abwechslungsreiche sexuelle Kost ebenso garantiert, wie sie Neugier auf Neues zulässt. Eine enorme Herausforderung für die Selbstbeherrschung des westlichen Forschers, denn sexuelle Abweisung wird gleichgesetzt mit persönlicher Ablehnung. Dass die Chemie nicht stimmt oder der Funke einfach nicht überspringt, das verstehen sie nicht. Das sexuelle Nein bleibt ein Affront. Ich habe mich immer mit religiösen Gründen herausgeredet: Ich hätte gerade sexuelle Fastenzeit und mein Gott würde sehr böse reagieren. Das funktioniert immer. Übrigens auch, wenn man frische Maden, warmes Rinderblut oder Ziegenaugen angeboten bekommt. »Danke, ich würde so gern probieren, aber während der Fastenzeit sind Delikatessen verboten.«

In unserer Kultur gelten Kinder als Besitztum ihrer Eltern und umgekehrt Eltern als Besitz ihrer Kinder. Und unsere Partner gehören uns und wir ihnen. Auch wenn sich jetzt bei vielen vehementer Widerstand regt, offiziell sind alle »frei«, inoffiziell aber Besitzstücke des anderen. Dies erklärt außerdem, warum sich viele Menschen als »Besitz« ihrer Gesellschaft erleben und nach größtmöglicher Freiheit und Selbstbestimmtheit streben und sich gleichzeitig vor Unfreiheit und Fremdbestimmtheit schützen müssen.

Der Grund ist, dass die natürliche Gemeinschaftsbindung in Freiheit, wie sie bei Gemeinschaftskulturen vorhanden ist, hier verloren gegangen ist. Deswegen muss eine Bindung stets mit Versprechungen und Verpflichtungen erkauft werden. Bei den Zanskari, einem Volk, das in der zweiten Himalayakette auf Dörfern über 3500 Metern lebt (ich hatte schon oben von ihnen berichtet), war man irritiert, als ich ihnen gegenüber die Einschränkung der Freiheit durch die Gemeinschaft erwähnte. Wieso eingeschränkt? Jeder kann doch machen, was er möchte. Die Frage, ob selbstbezogenes Verhalten zu Konflikten mit anderen oder gar der Dorfgemeinschaft führen oder gar Schaden anrichten könnte, verstanden sie nicht. Es sei doch selbstverständlich, dass man sich respektvoll verhalte. Wie ich denn auf so eine Idee komme. Als ich ihnen erzählte, dass selbstbezogenes Verhalten bei uns gang und gäbe sei, schüttelten die Zanskari nur den Kopf und drückten damit ihr Unverständnis aus. Verpflichtungen gibt es nicht, nur Selbstverständlichkeiten.

Dass bei uns Selbstbezogenheit und Selbstverwirklichung gelehrt und als hohes Ziel menschlicher Freiheit und Entwicklung in den Mittelpunkt gestellt werden und dabei Rücksichtslosigkeit, Egoismus und Ellbogeneinsatz nicht nur in Kauf genommen, sondern gefördert werden, habe ich nicht erzählt.

Ich befürchtete, aus dem Dorf geworfen zu werden. Zu Recht, denn so etwas gehört nicht in eine menschliche Gemeinschaft. Vielleicht war es auch nur mein tiefer Wunsch, Rücksichtslosigkeit, Egoismus und Ellbogeneinsatz aus unserer Gesellschaft rauszuwerfen. Wenn es eine Falltür geben würden, durch die man diese Geißeln der Menschlichkeit entsorgen könnte, hätte ich längst den Hebel gezogen.

In unserer Kultur ist die Selbstverständlichkeit von selbstbezogenen Bedürfnissen in der Gemeinschaft und die Selbstverständlichkeit einer gleichberechtigten Existenz in wechselseitigem Respekt einer als unvereinbar deklarierten Dichotomie gewichen. »Du und wir« ist einem »Ich oder die anderen« gewichen. Altruismus weicht immer mehr dem Egoismus des Stärkeren oder Schlaueren. Und so wurde der Altruismus sogar zum Schmarotzertum. Man nimmt die Annehmlichkeiten einer Gesellschaft, die Dienste der Krankenhäuser, der Feuerwehr oder der Kindertagesstätten gern in Kauf, seine Steuern aber entrichtet man lieber in einer Steueroase – und wird für diese Cleverness auch noch bewundert. Außer von den Krankenschwestern, deren Gehalt nicht dem angemessen ist, was sie leisten. Steuern sollten (aber das ist eine Randbemerkung und persönliche Meinung) an den Wert, den die Leistung des Einzelnen für die Gemeinschaft hat, angepasst werden. Dann würden Krankenschwestern und Erzieher bei mir keine Steuern zahlen. Die entstandenen Lücken würden von Aktionären oder Unternehmern wie Jeff Bezos gefüllt werden. Und ich hätte kein Mitgefühl, wenn Herrn Bezos 98 Prozent Steuern berechnet würden. Ihm blieben netto noch zwei Milliarden. Um den Betrag einmal zu verdeutlichen: Dafür müssten Sie 25-einhalb Jahre lang jeden Samstag sechs Richtige im Lotto haben. Und von der anderen Seite betrachtet: Herr Bezos könnte immer noch 5,5 Millionen pro Tag »auf den Kopf hauen«. Aber er hat ja aufgehört und kann mit 200 Milliarden in den Ruhestand gehen.

Gönnen wir ihm 100 Jahre Lebenszeit, dann bleiben ihm pro Jahr 4,5 Milliarden an »Rente«. Er könnte also knapp 13 Millionen am Tag ausgeben.

Trotzdem wird er in unserer Kultur bewundert. Und viele erschrecken sicher darüber, ihn mit 98 Prozent zu besteuern statt nur mit einem Prozent, wie es in der Realität der Fall ist. Vermutlich würde auch Jeff Bezos das so sehen. »Meine schönen Milliarden sind weg«, würde er vielleicht klagen, statt an der neuen städtischen Feuerwehrstation vorbeizufahren und sich daran zu erfreuen, dass dort auch sein Geld »drinsteckt«. Oder 66 Millionen Kindern eine solide Schulbildung ermöglichen. Oder 333 Millionen Kinder zehn Jahre lang vor dem Hungertod retten.

Menschliche Werte sind in unserer Kultur längst nichts mehr wert. Offiziell werden sie hochgeschätzt, insgeheim aber wird der clevere Steuerbetrüger, der nach dem Gesetz keiner ist, weil er Schlupflöcher sucht und findet, mehr bewundert – nicht zuletzt deswegen, weil es Distanz zu den Schwachen oder Notleidenden schafft, um Nähe und Mitgefühl zu verhindern. Wer einmal ein Kind auf einer indischen Müllhalde beobachtet, wie es nach etwas Essbarem sucht, wird sich diesem Kind sofort nah fühlen und das Bild nicht mehr vergessen. Dann wird der Ärger darüber, dass Amazon meinen Laptop-Adapter erst übermorgen liefern kann, zur peinlichen Farce.

Die Betrachtung der Abhängigkeit und des Besitztumdenkens bringt uns zu einer weiteren Ursache für unsere Scheu vor Nähe. Unsere Vorsicht beruht auch auf Freiheitsbedürfnissen, die in unserer Kultur mit Nähe und Bindung oder Beziehung zu kollidieren scheinen. Dabei sind vier weitere Ursachen maßgeblich. Zum einen lösen die bereits benannten Pflichtgefühle eine Gegenwehr aus, die wir als Reaktanz bezeichnen. Zum anderen bindet uns die Abhängigkeit zur Mutter über die biologisch unbedingt notwendige Zeit in solitärer Weise. In der Phase, in der das Kleinkind die Welt erkunden und sie sich und den eigenen Körper zu eigen machen will, wird dies zum Problem. Da stört die in unserer Kultur oft überfürsorgliche Mutter. Bei den Zanskari habe ich kleine Kinder in großer Höhe laufen sehen, dass ich vor Schreck innehalten musste. Die Erwachsenen hat das überhaupt nicht gekümmert. Sie haben nur über mich gelacht. Wenn die wüssten, dass hierzulande schon eine zwei Meter hohe Rutsche für viele Eltern eine potenzielle Gefahr für Leib und Leben des Kindes darstellt!

Die gut gemeinte Überfürsorglichkeit behindert die Individualentwicklung des Kindes, führt zu einem Grundmisstrauen in die eigenen Fähigkeiten und zu einer Ambivalenz der Mutter gegenüber, die das Kind an der Expansion hindern will. Daraus muss es sich befreien.

Aber das ist noch nicht alles, was Nähe so suspekt erscheinen lässt. Alle Menschen sehnen sich nach der frühen Geborgenheit. Einige Kollegen glauben, dass die Zeit in der Gebärmutter eine besondere Rolle dabei spielt. Viele Lieder, aber auch große Romane handeln von einer tiefen Sehnsucht. Man erfährt nicht so recht, wonach, aber jeder kennt das Gefühl, beispielsweise, wenn Melancholie bei den strahlenden Augen des eigenen Kindes am Weihnachtsbaum ins Herz einzieht. Man erinnert sich an das Paradies von früher, das unwiederbringlich verloren ist. Nur in der Fantasie darf es erhalten bleiben und die sehnsüchtigen Wünsche danach in Liedern, Romanen oder Filmen. Dieser Umstand wurde schon in der Bibel erfasst: Sobald wir vom Baum der Erkenntnis gegessen haben, müssen wir das Paradies verlassen. Um sich zu entwickeln, ist Erkenntnis notwendig, der Auszug aus dem Paradies unvermeidlich. Es sei denn, man möchte ein Leben lang in einer Psychose leben. In der griechischen Mythologie will Epimetheus in kindlicher Naivität im Paradies der Nicht-Entwicklung verbleiben, öffnet schließlich aber die Büchse der Pandora, das griechische Pendant zum

Apfel der Erkenntnis. Sein Bruder Prometheus, offenbar der Erwachsenere und Rationalere, erkennt die Gefahr und klaut, um den Schaden gering zu halten, den Göttern das Feuer. In beiden Genesegeschichten ist zur menschlichen Entwicklung Ungehorsam den Eltern gegenüber erforderlich. Einen Vorgang, den ich als »Positionierung den Eltern gegenüber« definiert habe. In der Psychologie spricht man dann meist von »Ablösung«, den Begriff halte ich jedoch für eine Verzerrung, denn wir lösen uns nie von den Eltern ab. Sie bleiben, auch wenn sie längst gestorben sind, wichtige, unverzichtbare Bestandteile unserer Persönlichkeit. Mit der Positionierung bleiben die Eltern als innere Objekte erhalten – es verändert sich nur die Beziehung zu ihnen.

Gedanken gegen Gefühle

Die Macht der Gedanken und die Ohnmacht der Gefühle

Zu Beginn unserer Menschheitsgeschichte, lassen wir einmal dahingestellt, ob es vor vier Millionen Jahren oder vor zwei Millionen Jahren oder erst vor 100 000 Jahren war, gab es nur Gefühle. Gefühle sind biologisch verankerte Reaktionen, Reaktionsketten oder ganze biologische Programme. Zu Beginn des Lebens sind sie bei allen Menschen gleich. Später werden sie durch unsere Sozialisation und Begleitung im positiven Sinn, aber auch durch Erziehung, Manipulation und Verbiegung oder gar Entkernung unserer Persönlichkeit im negativen Sinn geformt. Gefühle unterscheiden sich von Gedanken dadurch, dass sie nicht formbar oder unmittelbar korrigierbar sind, zumal sie meist mit einer physiologischen Reaktion einhergehen oder von einer solchen ausgelöst werden. Man kann zwar ein Gefühl durch ein anderes verdrängen, wie Eltern es oft zur Ablenkung des Kindes versuchen, was jedoch eine Form der Manipulation kindlicher Persönlichkeitsrechte ist. Man kann die Gefühle aber nicht wie einen unlogischen Gedanken korrigieren, wie eine falsche mathematische Berechnung. Gefühle entziehen sich der Logik. »Der Typ ist es nicht wert, dass du dir die Augen aus dem Kopf heulst!«– das mag zwar stimmen, wird aber nicht dazu führen, dass die Verlassene sich weniger verzweifelt fühlt.

Gedanken sind der Versuch, die Unmittelbarkeit von auf Gefühle folgenden Reaktionen zu unterbrechen und die auslösende Situation gefühls- und affektfrei, vor allem angstfrei zu dekonstruieren und neu zu rekonstruieren. Statt vor dem Feuer wegzulaufen, kann es sinnvoll sein, genau darauf zuzusteuern und lieber Verbrennungen zu riskieren als in einer Sackgasse von den Rauchgasen erstickt zu werden. Eine besondere Form überlegten Handelns wurde in den späten 1980er- und 1990er-Jahren im Flugverkehr eingeführt. Statt in einem Notfall hektisch herumzuwirbeln und hysterisch zu schreien, wie es in amerikanischen Katastrophenfilmen gern gezeigt wird, machen Piloten eine extra für Notfallsituationen entwickelte Prüfung der Umstände, den sogenannten »FORDEC-Check«. Die einzelnen Buchstaben geben die Aufgaben vor und die Reihenfolge, in der sie abgearbeitet werden. Gleichzeitig wurde klugerweise die Hierarchie zwischen Kapitän und Co-Pilot abgeschafft; beide fliegen die Maschine, der eine steuert, während der andere die Instrumente überwacht. Wer was macht, wird vorher festgelegt. Das kostet möglicherweise mehr Zeit als reaktives, unüberlegtes Handeln, aber in der Luft kann man sich nicht so viele Fehlversuche erlauben. Eine sinnvolle und notwendige Entwicklung menschlicher Rationalität. Gefühle haben im Cockpit keinen

Platz, vor allem nicht, wenn es brenzlig wird. Dies sollte nur als Beispiel dienen, damit nicht der Gedanke aufkommt, ich wolle Gefühle idealisieren und die Ratio verdammen.

Wir Menschen behaupten gern, die Ratio, das Denken, entdeckt zu haben. Das stimmt so nicht. In der Arktis zum Beispiel gibt es Robbenarten, die eine Vorstufe des Denkens entwickelt haben. Sie sind der Lage, ihre »natürlichen« Fluchtreflexe, beispielsweise als Reaktion auf die Angst vor einem nahenden Eisbären, zu unterdrücken. Statt hektisch zu fliehen, verstecken sie sich hinter einem Eisberg und versuchen, keinen Mucks zu machen. Das haben sie sich nicht »ausgedacht«, es entstand durch Versuch und Irrtum. Oder durch natürliche Auslese: Die Fliehenden wurden erwischt, die Nicht-Fliehenden überlebten.

Zu komplexeren Denkvorgängen sind unsere Vorfahren, die Schimpansen, und andere Menschenaffen in der Lage. Sie können zum Beispiel, so haben es Versuche gezeigt, aus mehreren Rohren durch Zusammenstecken ein langes Rohr herstellen, womit sie sich eine für sie unerreichbar scheinende, von der Decke hängende Banane angeln. Unsere Spezies ist jedoch die bisher einzig bekannte, die diese einfachen Denkvorgänge zu einer nie gekannten Präzision und Effektivität weiterentwickelt hat. Wir brauchen keine realen Stangen mehr, wir können sie in der Fantasie, »im Kopf«, zusammenstecken. Wir können sogar Gegenstände, die es noch gar nicht gibt, gedanklich »konstruieren«, also erfinden. Wir können verschiedene Reaktionsmöglichkeiten durchdenken, anderen mitteilen und sie mit ihnen diskutieren, sodass diese ebenfalls darüber nachdenken. »Probehandeln« nannte es Freud und gab dieser Art des Denkens den Namen »sekundärprozesshaftes Denken«, das er den Gefühlen, die er als »primärprozesshaftes Denken« bezeichnet hat, gegenüberstellte.

Die Form des sekundärprozesshaften Denkens ist schon sehr alt. Ohne diese Denkform wären die Pyramiden oder andere

Weltwunder nicht möglich gewesen. Die frühe Seefahrt sicherlich auch nicht. Ein Schiff, das von Norwegen nach Amerika fahren kann, kann nicht mit Versuch und Irrtum hergestellt werden.

Wissenschaften wie die Mathematik, die Physik, die Astronomie, die Medizin, die Psychologie wären ohne das »gefühlsfreie« Denken nicht entstanden.

Interessanterweise wurde dieses Denken hauptsächlich bei technischen oder naturwissenschaftlichen Erkenntnissen und Entwicklungen eingesetzt. Selbst die Psychologie entdeckte die Gefühle als Forschungsgegenstand erst sehr spät.

Die Reformation und die Aufklärung sorgten dafür, dass die Ursachen menschlicher Ängste hinterfragt und untersucht wurden. Ängste wurden gern, insbesondere im Rahmen von Religion und Kirche, zur Manipulation verwendet sowie zur Unterdrückung oder zumindest zum Kleinhalten einzelner Gruppen oder Einzelpersonen. Das gibt es leider nach wie vor. Reformation und Aufklärung haben dafür gesorgt, dass wir heute viele Ängste nicht mehr haben müssen. Ins Fegefeuer muss kaum jemand, wenngleich viele kluge Menschen, die besonders religiös benutzte Ängste als wissenschaftlichen Unsinn entlarvten, noch zu Lebzeiten ins Fegefeuer geschickt wurden. Die Folge der Aufklärung war nicht nur eine Entmachtung des Adels und der Kirche, sondern eine Stärkung der Wissenschaften, die explizit gefördert und gefordert wurden. Wissenschaft funktioniert am besten ohne Gefühle. Ein Physiker, der zwei Atome aufeinander schießt, um sie in ihre Bestandteile zu zerlegen, darf kein Mitgefühl mit einem dieser Atome haben. Sachlichkeit war gefragt. Gefühle wurden mehr und mehr zur nicht immer erwünschten Begleiterscheinung bestimmter Situationen oder Umstände. Wie Blähungen nach dem Genuss von Hülsenfrüchten.

Das ist der überwiegende Stand heute. Gefühle haben eine

gewisse Berechtigung, aber Form und Intensität sollen in unserer Hand liegen. Am liebsten sollen sie so steuerbar sein wie der oben erwähnte FORDEC-Check. Programme im Internet berechnen, welcher Partner am besten zu uns passt. Dies geschieht mit Algorithmen, die vorher abgefragte Vorlieben, Neigungen, Abneigungen, Wünsche, Hobbys, Freizeitinteressen und so weiter abfragen. Wie soll aber ein gefühlsfreies Rechenprogramm in der Lage sein zu bestimmen, welcher Mensch mir guttut? Möglicherweise gerate ich, sagen wir, an eine bogenschießende, mozartliebende Pescetarierin, die gerne Urlaub in Mexiko macht, am liebsten Frank Schätzings Bücher liest, dafür den Tatort aber verachtet. Sagen wir, und bitte glauben Sie mir diese Einfälle nicht unbesehen, es würde eine Übereinstimmung von 98 Prozent geben. Eigentlich sollte ich diese Frau dann gleich unbesehen heiraten. Schwierig wird es, wenn es »zwei Treffer« gibt: Die eine passt zu 99,5 Prozent die andere zu 99,6 Prozent. Rational betrachtet wäre die zweite die bessere Wahl. Sie sehen, welch ein Unsinn darin steckt. Denn das Entscheidende zwischen zwei Menschen sind nicht passende Interessen oder ausbleibende Konflikte beim Kino- oder Restaurantbesuch, sondern, ob sich Gefühle zwischen beiden entwickeln. Wenn wir uns zu einem Menschen hingezogen fühlen, würden wir ihn doch nicht als Erstes fragen, ob er auch gern Jazzmusik hört, besonders von Cannonball Aderly, Wandern auf Fuerteventura liebt oder Filme mit Liam Neesen. Das Gespräch wäre sicherlich sehr kurz: Der oder die andere würden denken, dass wir einen ausgemachten Dachschaden haben. Wir schauen auch nicht, ob und wie diese Person lächelt, sondern »fühlen«, was wir fühlen, wenn sie lächelt. Klingt schon besser, oder? Entscheidend bei der Frage, ob wir zusammenpassen, sind die Gefühle, die wir haben, wenn wir den anderen sehen, wenn wir auf sie oder ihn warten, wenn wir in seinen Armen liegen oder ihre Stimme hören. Doch das alles ist wissenschaftlich schwer, meiner Ansicht nach gar nicht zu erfassen. Ist es der »richtige Druck«, den der andere ausübt, wenn er uns umarmt, ist es die Stimmhöhe, die uns fasziniert, oder der Winkel, aus dem sie uns in die Augen schaut? Es ist eine Mischung aus allen möglichen Faktoren. Neuesten Forschungen zufolge ist die optimale Passung des Immunsystems ausschlaggebend dafür, ob eine Partnerschaft zustande kommt. Das Unbewusste könne dies am Geruch erkennen. Schon möglich, aber wen juckt das? Möglicherweise sagt das Unbewusste nein zu einem potenziellen Partner, wenn die Immunsysteme nicht passen. Aber schließlich treffen wir nicht primär aufeinander, um der Nachwelt »optimalen Nachwuchs« zu spendieren, sondern, um eine gute Zeit miteinander zu haben. Und da reicht weder die Passung im Immunsystem aus noch die Passung in sonstigen Dingen. Ob Gefühle entstehen und, wenn ja, welche, lässt sich nicht vorhersagen oder steuern. Wir können uns auf ein Treffen mit einem möglichen Partner vorbereiten, indem wir uns nett anziehen. Selbst wenn wir im Gespräch noch so charmant, witzig und intelligent sind – ob der Funke überspringt, können wir nicht beeinflussen. Aber wir können fühlen, ob etwas entsteht. Auch, wenn dies zu unserem Bedauern nicht der Fall ist.

Und das ist auch gut so. Gefühle sollen und dürfen Überraschungen aus unserem Unbewussten sein. Ich bin mir sicher, dass Google, sofern ich diese Datenklaumaschine benutzen würde, mir ziemlich präzise anhand der Daten, die es über mich gesammelt hat (beziehungsweise die ich Google – freiwillig! – geliefert habe), alle möglichen Entscheidungen abnehmen könnte. Vielleicht sogar eines Tages alle. Google würde den richtigen Beruf für mich wählen, die passende Universität, den richtigen Tennisschläger und vermutlich auch den besten Tennisclub, würde meine Urlaube für mich planen, den »richtigen Wein« liefern und so weiter. Eine wahrhaft gruselige Vorstellung.

Als mein Sohn sein erstes Smartphone gekauft hatte, zeigte er stolz eine App, in der er beispielsweise die Angebote von Elektronikmärkten einspeichern kann. Wenn er im Auto an einem dieser Märkte vorbeifährt, informiert ihn die App, dass es dort diesen Artikel (noch) gibt, und fragt ihn, ob ihn das Navigationssystem direkt dorthin führen soll. Immerhin wird er noch gefragt – irgendwann wird sein Auto von allein dort hinfahren, der Betrag wird automatisch von seiner Kreditkarte abgebucht und der Artikel ihm direkt durchs Seitenfenster gereicht werden.

Mein Sohn meinte, mit dieser App würde ich nie wieder ein Angebot verpassen. Zugegeben, ich lasse mich auch verführen, wenn zum Beispiel eine externe Festplatte statt 90 Euro nur 60 Euro kostet. 30 Euro gespart. Ich mache es konventionell: Ich schneide diese Angebote aus, lege sie auf den Schreibtisch und werfe sie beim fälligen Aufräumen weg – vor drei Wochen abgelaufen. Ich ärgere mich nicht, denn für mich hat keine App entschieden, sondern mein Unbewusstes: Offenbar war mir das Schnäppchen nicht so wichtig. Und ich freue mich – nicht nur 30, sondern 60 Euro gespart! Manchmal mache ich es mir noch einfacher: Ich schneide die Angebote nicht mehr aus, sondern werfe sie gleich weg und freue mich sofort über das gesparte Geld. So ähnlich geht es mir beim sogenannten »Black Friday«. Den verpasse ich immer, weil ich weiß, dass es dort nur Produkte gibt, die man nicht braucht. Dafür zum halben Preis, deshalb nimmt man gleich zwei.

Neulich spazierte ich mit meinem Sohn durch Berlin und wir wurden hungrig. In Berlin gibt es viele Restaurants. Er zückte sein Smartphone und tat mir kund, dass es in unmittelbarer Nähe drei Restaurants gibt: ein persisches, ein griechisches und einen Italiener. Welches ich bevorzugen würde? Ich hatte eigentlich gehofft, dass er mich mit einem persönlichen Geheimtipp überraschen würde. Keine Ahnung, ich lasse mich immer inspirieren: Der Grieche dort sieht irgendwie gut aus, ein Blick auf die Speisekarte: Souvláki, prima, vielleicht noch einen Samos oder Mavrodaphne dazu. Kein Problem, jedes dieser Restaurants hat eine Webseite mit Speisekarte. Das persische Restaurant kann man sogar virtuell besuchen und einen Tisch reservieren. Bei der Vorstellung, dass vielleicht auch das Essen schon fertig auf dem Tisch stand, gab ich auf. Meine Geduld war aufgebraucht, mein Hunger auf einem kaum mehr erträglichen Niveau angelangt. Zum Glück tauchte wie aus dem Nichts eine Currywurstbude auf. Ohne Webseite, ohne App, wir haben noch selbst bestellt und selbst gegessen. Original Berliner Currywurst. Im Stehen, köstlich.

Ich will ein Restaurant selbst aussuchen. Die Speisekarte lesen, fragen, wie das lecker aussehende Gericht am Nachbartisch heißt, ob man es empfehlen kann. Und dann hungrig die Brotstücke mit Butter oder Quark verschlingen, um mich dann über das Essen herzumachen, wenn es endlich kommt.

Gefühle sind deshalb das Wichtigste in unserem Erleben, weil alles, woran wir uns erinnern, mit Gefühlen verwoben ist. Wir Psychoanalytiker sagen: mit Gefühlen »besetzt« ist. Alle Objekte, Erinnerungen, Tätigkeiten, unsere Mitmenschen sind »besetzt«, sogar abstrakte Begriffe wie Zukunft, Gott, Hoffnung, Neujahr und so weiter. Aber auch Dinge, die wir noch nicht kennen: ein Urlaubsland, in dem wir noch nicht waren, das wir aber besuchen wollen. Selbst Personen, die wir nicht persönlich kennen, wie Stars oder der Dalai Lama. Der ist allgemein beliebt und vielleicht nur den Hardlinern in der chinesischen Regierung ein Dorn im Auge. Aber woher wollen wir wissen, ob seine Sanftheit nur gespielt und er eigentlich ein grimmiger Bursche ist? Ich kann Ihnen versichern, er ist es nicht. Er ist sogar ein ziemlicher Schelm, der sich privat gern so manchen Spaß erlaubt.

Es gibt positive, negative und neutrale Besetzungen. Neutrale Besetzungen sind alle Dinge, Orte, Tätigkeiten, die wir nicht beziehungsweise noch nicht kennen, mit denen wir keine Erfahrung haben. Wenn Sie sich das Land Sambia vorstellen, was fühlen Sie? Vielleicht denken Sie an Samba und bekommen warme Gefühle, denken an die Musik. Oder Sie bekommen negative Gefühle, weil Sie trotz privater Tanzstunden das Ganze immer noch nicht beherrschen. Aber Sambia löst vermutlich keine Gefühle aus. Ein Radargerät der Polizei vermutlich schon. Und ein Brief vom Finanzamt erst recht. Wenn Sie einen gepfefferten Steuerbescheid erwartet haben und beim Lesen feststellen, dass Sie eine unerwartete Erstattung bekommen, ändert sich die Besetzung schlagartig.

Ohne Gefühle wäre unser Leben langweilig und unlebendig. Stellen Sie sich nur einmal einen Krimi vor, bei dem nur langweilige Polizeiarbeit gezeigt wird. Keine Verwicklungen, kein Raten, wer der Täter ist. Oder ein Fußballspiel ohne Gefühle – wer würde so etwas anschauen?

Damit kommen wir zum nächsten Kapitel: dem Verlust der Sinnlichkeit und warum sie ein Grundbedürfnis ist.

Sinnlichkeit

Der Verlust der Sinnlichkeit und warum sie ein Grundbedürfnis ist

Das Schicksal der Sinnlichkeit hat etwas mit dem Schicksal der Gefühle gemeinsam: Auch sie nimmt immer mehr ab. Sie wird wie die Gefühle von der Rationalität an den Rand gedrängt. Vielleicht weil Sinnlichkeit auch ein Gefühl ist – oder eine Menge gleichzeitiger Gefühle. Es spielt letztlich keine Rolle. Ich glaube, wir brauchen für unser Wohlbefinden Sinnlichkeit.

Zunächst sollten wir betrachten, was Sinnlichkeit eigentlich ist. Unter Sinnlichkeit verstehe ich die Wahrnehmung beziehungsweise das Erleben von etwas, das mit einer besonderen Hingabe oder Tiefe der beteiligten Sinne geschieht unter Ausschluss anderer Sinne und Wahrnehmungen, aber vor allem unter Ausschluss von (bewussten) Gedanken und anderen Tätigkeiten. Wenn wir an einer Blume riechen und diese besonders gut riecht, sodass wir das Ganze noch einmal intensiver wahrnehmen wollen und erneut den Duft einatmen, vielleicht unsere Nase noch näher an die Blütenstempel bringen, werden wir nicht überlegen, welche einzelnen Gerüche da zusammenkommen, um was für eine Pflanzengattung es sich handelt oder ob sie damit bestimmte Insekten anlocken will. Vielmehr werden in uns Gefühle hervorgerufen, manchmal auch Bilder oder Erinnerungen. Öffnen Sie an einem grauen, missmutig stimmenden Wintertag eine Flasche mit Sonnencreme und atmen Sie den Geruch tief ein. Sofort wird Ihre Stimmung sich aufhellen. Bilder vom Strand fallen Ihnen ein, vielleicht von einem bestimmten Strand. Vermutlich werden Sie erneut einatmen wollen – und dann einen Reiseprospekt wälzen. Der Geruchssinn ist unser »ältester« Sinn, obwohl wir ihn heute nicht mehr notwendigerweise brauchen. Er ist am besten mit unserem Erinnerungssystem verknüpft, übrigens auch im negativen Sinn. Riechen Sie einmal, sofern Sie so etwas im Haus haben, an einem Fläschchen Focaldry. Das ist ein Desinfektionsmittel, das Zahnärzte gern verwenden. Ich glaube, mehr brauche ich dazu nicht zu sagen. Sie werden sich sicherlich dieses Mittel nicht besorgen.

Aber auch unsere anderen Sinne sind zur Wahrnehmung verschiedenster Eindrücke in der Lage. Einen Sonnenuntergang wird man wohl kaum riechen oder hören können. Vielleicht wird die optische Empfindung mit einem typischen Algengeruch und dem Rauschen des Meeres verbunden. Trinken Sie dazu noch einen guten Rotwein, werden auch Ihre Geschmackswahrnehmungen aktiviert und vielleicht breitet sich zusammen mit dem Rotwein ein wohliges Gefühl im Magen aus. Liegen Sie in den Armen eines netten Menschen, ist das Wohlgefühl perfekt.

Leider gelingt das »Konservieren« nur mit Gerüchen verblüffend gut. Das Foto vom Sonnenuntergang kann nicht einmal ansatzweise die optische Sinnesqualität erneut erzeugen. Der gleiche Rotwein wird uns vermutlich noch schmecken, aber irgendwie anders. Besonders diskrepant ist die Entkopplung von Sinneserleben bei der Musik. Sie werden es vermutlich kennen: Die Fado-CD von der Gruppe, die Sie in Lissabon am Rossio so verzaubert hat, wirkt im heimischen Wohnzimmer nicht mehr. Aus Fado wird fade.

Wenn Sie jetzt sagen, dass Sie Sinnlichkeit nicht oder nicht mehr kennen, »keine Zeit« oder »keinen Nerv« dafür haben, wird es höchste Zeit, darüber nachzudenken, ob und vor allem wie Sie sich die Sinnlichkeit zurückholen.

Die Sinnlichkeit ist keine Neuentdeckung des zivilisierten Menschen. Es ist die älteste Form des Erlebens und stammt aus der vorsprachlichen Zeit der Menschheit. Deshalb ist sie die beste und gesündeste Form des Genusses. Und auch nicht die teuerste. Sicherlich ist ein Trip nach Lissabon nicht gerade billig und ein Mittelmeerurlaub kostet auch sein Geld.

Aber weil es eben die »unschuldigste«, reinste Form der Wahrnehmung, des Empfindens und Erlebens ist, muss sie nicht viel kosten. Wir müssen nur auf unsere Kinder schauen. Sie erleben alles unvoreingenommen, wollen alles riechen und mit allen Sinnen erspüren, erfahren und sind dabei ganz selbstversunken. Wer einmal mit einem Kleinkind, das gerade Laufen gelernt hat, eine Stunde durch den Wald geht, wird auf den 300 Metern beobachten können, mit welcher Hingabe ein Käfer betrachtet werden kann. Oder eine Raupe, die langsam einen

Ast erklimmt. Selbst Steine und Stöcke erlangen solch sinnliche Qualität, dass sie mitgenommen werden müssen – Eltern wissen, wovon ich spreche. Natürlich sollen auch die Raupen, Schnecken und Käfer mitkommen. Für die Kleinkinder ein Hochgenuss, für viele Eltern eine Möglichkeit, ihre Frustrationstoleranz zu verbessern. Und, noch besser, sich ihre Sinnlichkeit zurückzuerobern.

Kindern wird ihre Sinnlichkeit im Laufe der Zeit abgewöhnt. Alle Kinder malen gern, weil es eine so schöne sinnliche Erfahrung ist. Die eigene Hand zu spüren, die den Pinsel führt, und zu genießen, wie es sich anfühlt, wenn der Pinsel mit Farbe über das Papier gleitet. Der Geruch der Farbe. Oder, wenn mit den Händchen gemalt wird, das glitschige Gefühl der Hände, das Geräusch, wenn man auf das Blatt patscht – oder die Wohnzimmerwand. Das Gefühl, wenn die Farbe auf der Handfläche trocknet oder, noch toller, der ganze nackte Körper mit Farbe bedeckt ist, was an sich schon eine besonders sinnliche Erfahrung ist. Und dann das warme Wasser in der Badewanne, das Spritzen und Planschen, das Geräusch des Wassers, wenn es auf dem Badezimmerboden landet. Der warme, weiche Schwamm mit dem Schaum, mit dem Mutter mich säubert. Die lustigen Späßchen, die Vater mit dem Schaum macht: das Schaumnäschen, das ich von ihm verpasst bekomme, und manchmal auch die Teufelshörner, die er mir auf den Kopf zaubert. Und immer lachen und amüsieren wir uns dabei. Dann werde ich mit dem großen Frotteehandtuch abgerubbelt und in meinen Bademantel eingemummelt. Manchmal darf ich sogar in Papas und Mamas Bett einschlafen. Auf jeden Fall bekomme ich noch eine ganz spannende Geschichte vorgelesen.

Sie schmunzeln. Und fragen sich, wie Sie das heute als Erwachsener noch tun können? Versuchen Sie es doch einfach einmal und seifen Sie Ihre Partnerin oder Ihren Partner sanft mit einem Schwamm ein. Oder malen Sie sich gegenseitig unbekleidet an. Es gibt spezielle Körperfarben, von Ölfarbe würde ich abraten.

In psychotherapeutischen oder psychosomatischen Kliniken ist Gestaltungstherapie ein fester Bestandteil. Der Grund dafür dürfte klar sein: Man will den Patienten helfen, ihre Sinnlichkeit zurückzugewinnen, neu zu entdecken.

Wir nennen es »Regression im Dienste des Ich«. Eine gesunde Form der Beschäftigung, um die schon Höhlenmenschen vor 37 000 Jahres gewusst haben. Zunächst dachte man, die Zeichnungen in der Chauvet-Höhle seien zum Unterrichten der Kinder entstanden, wie die Zeichnungen in Twyfelfontein oder Okunguarri in Namibia. Dann hat man festgestellt, dass die dargestellten Tiere nicht zu den Beutetieren gehörten oder Gefahren aufzeigten, vor denen gewarnt werden musste. Ecco: Die Menschen haben schon damals »einfach aus Sinneslust« gemalt.

Leider fällt es vielen Menschen relativ leicht, ihre Sinnlichkeit aufzugeben, und sehr schwer, sie später zurückzuerobern. Warum das so ist, sollten wir uns genauer ansehen.

Zunächst ein Beispiel. Ein Patient suchte mich auf, weil er nach der Geburt seiner Tochter Panikattacken bekommen hatte. Er fand keinen Grund dafür. Er war ein kluger, gebildeter Mann, beruflich erfolgreich, privat beliebt und lebte in einer gesunden Partnerschaft. Wir kamen der Ursache auf die Schliche, als der Patient einmal äußerte, er traue sich nicht mehr, mit seiner Tochter in den Wald zu gehen. Nanu, was war passiert? Hatten die beiden ein verstörendes Erlebnis gehabt? Nein, er hatte befürchtet, dass er nicht mehr aus dem Wald herausfinden könnte, weil er die Zeit vergessen und nicht nach Hause gehen würde. Aber er hatte doch ein Mobiltelefon, da würde seine Frau sicherlich irgendwann anrufen.

Seine Angst saß tiefer. Er war mit der sinnlichen Erkundung seiner Tochter völlig verschmolzen. Hatte Raum und Zeit vergessen. Hatte sich selbst vergessen und die Uhrzeit, vermutlich sogar seinen Namen, kurz, alles, was im Moment nicht notwendig war oder sogar hinderlich. Er war vollkommen fokussiert, aber nicht in einem konzentrierten Sinn. Vielmehr ließ er sich treiben. Und, was in seinen Augen noch gefährlicher war: Er genoss es. Wurde, so beschreibt er es, wie von einem Sog hineingezogen. Meine Worte »Wie schön, dass Sie es so genießen konnten« ließen ihn auf der Couch hochschnellen und sein Blick verriet mir, dass er befürchtete, ich hätte den Verstand verloren. Ich fügte hinzu: »Aber genau das macht Ihnen Angst. Dass da etwas in Ihnen ist, von dem Sie glauben, dass Sie es nicht kontrollieren können. Aber das ist nicht die ganze Wahrheit. In Wirklichkeit erschrecken Sie darüber, dass Sie es nicht kontrollieren wollen und dass Sie nicht genug davon bekommen können.« Sein bisher unterdrückter Hunger nach sinnlicher Regression war offenbar so groß geworden, dass die Unterdrückungsmechanismen in seinem Unbewussten nicht mehr stark genug waren, diese wegzusperren. In der Tochter hatten sie eine »unschuldige« Erfüllungsgehilfin bekommen. So geriet der Patient doppelt ins Dilemma: Er wusste, dass es für die Entwicklung der Tochter wichtig war, sich auf solche Sinnlichkeiten einzulassen, und hoffte, dass er sich durch »Mitspielen« retten könnte, also so zu tun, als ob er es auch interessant fände. Dann ließ er sich »verführen« beziehungsweise von der kindlich neugierigen Hingabe und Verzückung der Tochter »verzaubern« und mitreißen. Allerdings empfand er es nicht wie eine gemütliche Floßfahrt auf einem ruhigen Fluss, sondern eher wie eine Fahrt auf dem Sambesi, auf dem er schon die Victoriafälle hören konnte.

Genau diese irrationalen Ängste vor der gesunden Regression, der Hingabe an die Sinnlichkeit, haben viele Menschen in unserer Kultur; überwiegend sind es meiner Erfahrung nach Frauen. Sie können sich zwar oft leichter auf die Regression im Dienste ihrer Kinder einlassen, wenn es aber um persönliche Regression geht, sind viele von ihnen hilflos ihren eigenen

Hemmungen ausgeliefert. Meist werden äußere Gründe benannt, die es angeblich unmöglich machen, etwas für sich zu tun. »Ich habe nie Zeit. Und wenn, dann bin ich zu kaputt.« Hat der Tag der weiblichen Menschen weniger Stunden? Natürlich nicht. Zeit ist das einzige Gut, das bei allen Menschen gleich verteilt ist. Die Frauen (und Männer) mit diesem Problem müssten sich nur die Zeit nehmen. Wenn ich sie dann dazu auffordere, bekomme ich meist herbeifantasierte Ängste präsentiert. Partner, die jämmerlich verhungern würden, wenn sie mal eine Woche wegfahren würden. Oder Kinder, die durch amerikanisches Essen an einem Wochenende irreparabel körperlich und geistig degenerieren würden. Diese Mütter bekommen zunächst die Aufgabe, jeden Tag eine Stunde lang etwas für sich zu tun. Eine Stunde nur mit sich zu verbringen. Verboten sind Aufräumarbeiten, Einkaufsplanung oder Chatten mit Freundinnen, obwohl das vielleicht »entspannt«, es ist aber keine Regression, kein sinnlicher Rückzug. Deshalb schicke ich sie an den Rhein. Der durchquert Bonn, Ausreden sind also zwecklos. Verboten sind Mobiltelefon oder Bücher. Am besten bleiben auch die Zigaretten zu Hause. »Alles, was Sie brauchen, haben Sie schon dabei!«, sage ich ihnen. »Und was soll ich dann tun?«, wollen viele wissen. »Den Schiffen hinterherschauen, mehr nicht!!« »Eine Stunde lang?« »Ja, eine Stunde lang.« Für viele wirkt das zu Beginn wie ein Vorbereitungstraining für die Hölle (ich vermute, die »moderne Hölle« ist nicht dauerüberheizt, sondern hat alles, was der Mensch sich wünscht – außer WLAN). Irgendwann aber kommen sie an. Manchmal sage ich, wenn es den Patienten besonders schwerfällt, das auszuhalten, sie müssten noch Geduld haben, ihr Körper sei schon angekommen, nur ihre Seele noch nicht.

Es kostet Geduld, sich selbst, seine Lebendigkeit und seine Sinnlichkeit wiederzuerlangen, und erfordert ein Auseinandersetzen mit den eigenen Ängsten davor. Eigentlich wäre das gar nicht notwendig. Wir haben funktionierende innere Instanzen, die uns schützen und im rechten Moment eingreifen, meist noch, bevor es brenzlig wird. Jedenfalls habe ich noch nie von jemandem gehört, der beim Malen verhungert oder in der Badewanne verdurstet ist.

Kurz: Die Ängste sind überflüssig.

Das bringt uns zur Betrachtung zweier weiterer Themen, die ziemlich modern sind: das Aufschieben – fachsprachlich Prokrastination genannt, ein Begriff, der nur für sprachtherapeutische Übungen etwas taugt – und das Chaos. Wenn Sie hoffen, ich werde jetzt ein paar Tricks oder Kniffe preisgeben, wie Sie das eine oder das andere oder beides besiegen oder wenigstens besser in den Griff bekommen könnten, muss ich Sie enttäuschen. Ich werde Ihnen etwas vom Charme beider ungeliebter Tugenden berichten.

Will aber zuvor nicht verhehlen, dass auch ich meine Sinnlichkeit zurückerobern musste. Kunstlehrer haben mir den Spaß am Malen verdorben und Deutschlehrer haben sich alle Mühe gegeben, mir zu verstehen zu geben, dass bei mir Hopfen und Malz verloren sei. Ich wollte immer neben dem Beruf des Psychoanalytikers schreiben, am liebsten Schriftsteller werden. Irgendwann habe ich mich von dem ganzen Blödsinn befreit. Ich will damit nicht sagen, dass ich von den Ratschlägen erfahrener Menschen nicht profitiert hätte. Im Gegenteil, ich habe von vielen Empfehlungen profitiert, besonders von denen, auf die ich nicht gehört habe.

Es ist besser und gesünder, auf sein Herz zu hören, als auf den Bockmist, den uns andere oft verkaufen wollen.

Heute ist Schreiben für mich die größte sinnliche Erfahrung, die ich allein machen kann – und auch allein machen muss. Ich bin dann völlig in einer anderen Welt. Wer mich dabei stört, wird sofort erschossen. Also seien Sie gewarnt.

Und damit kommen wir zum nächsten Punkt.

Genuss

Warum Lebensmittel in Frankreich so teuer sind und einen trotzdem reicher machen

»Ihr wisst schon, dass eure Lebensmittel das Doppelte kosten wie in Deutschland? Macht euch das nichts aus?«, möchte ich von Pierre wissen. Damit habe ich Pierres Leidenschaftsnerv getroffen, sofern es so einen gibt, aber ich bin mir sicher, Pierre hat ihn und viele andere Franzosen auch. Er legt los: »Ihr Deutschen kauft immer im Supermarkt und stopft euch dann den ganzen billigen Dreck rein. Essen ist so wichtig, für den Gaumen, für den Magen, für die Seele, für die Liebe, für die Freundschaft. Aber das scheint euch nicht wichtig zu sein.« Ich bekomme eine Gratislektion in Lebenskultur – obwohl, aber das habe ich Pierre nicht verraten, ich bereits überzeugt war, aber ich wollte ihm die Freude nicht nehmen, mich in den Bann französischer Esskultur zu ziehen, wobei, wenn ich ganz ehrlich bin, wollte ich mit ihm den Tag verbringen, mich französisch treiben lassen.

»Wenn wir Franzosen kochen wollen, dann fängt das morgens an. Wir gehen auf den Markt. Wir müssen sehen, was wir kochen, müssen es fühlen, riechen, einatmen. Du weißt: Die Seele essen mit.« Wir gehen auf den Markt, Pierre bleibt am ersten Stand stehen, fängt mit dem Händler, einem Mann mittleren Alters mit einem grauen Kittel und einem ausgeblichen Cordhut, ein Palaver an. Woher denn die Auberginen kommen? »Oui, direkt aus der Gegend, ganz frisch.« »Darf ich fühlen?« »Bien sûr«, sagt der Händler und hält Pierre eine dicke Aubergine hin. Pierre prüft sie ausgiebig. Dann nickt er: »Die ist gut, gib mir zwei davon.« »Sag ich doch«, gibt der Händler zu verstehen, »bei mir gibt's ganz frische Ware. Neuf Euro, si'l vous plaît.« Pierre reicht ihm, ohne die Miene zu verziehen, nachzurechnen oder zu fragen, was das Kilo kostet, einen Zehneuroschein hin und steckt das Geldstück, das er zurückbekommt, unbesehen ein. So geht es weiter. In der Markthalle nebenan gibt es Fleisch und Fisch. Pierre ersteht zwei große Doraden und ich sehe sie schon auf dem Teller mit Mandelblättchen bestreut, habe bereits den buttrig-feinen Duft in der Nase und mir läuft das Wasser im Munde zusammen. Pierre muss das gespürt haben. »Eh, voila, gut oder nicht gut? Hä, was sagst du – mon ami allemand?« Ich nicke und wir sind am Ende. Nicht nur der Markthalle, sondern auch des Einkaufs, ich zudem am Ende meiner Kräfte. Aber wir fahren nicht nach Hause. Wir sind in Frankreich. Wir gehen ins Bistro neben der Markthalle. Jeder Markt in Frankreich hat ein Bistro. Festlegen will ich mich da nicht, aber ich will es gern glauben. Meine Empfehlung: Tun Sie es einfach auch! Im Bistro herrscht hektisches Treiben. Dort werden außerdem Zigaretten, Tabak, Papierchen zum Selberdrehen und Zeitungen verkauft. Und Loto et Toto werden dort ebenfalls angenommen. »Komm, wir setzen uns raus, drinnen ist es zu laut.« Pierre schüttelt den Kopf. »Patrick, deux Pastis, tout de suit«, schreit er ins Bistro. »Willst du etwas essen? Die Sandwiches mit Thon, Thunfisch, sind ganz gut.« In französischen Bistros gibt es Sandwiches und die sind, im Gegensatz zur sonstigen Küche, eben nur »ganz gut«.

Da sitzen wir, das Sandwich hat meinen Hunger vertrieben, der Pastis zimmert mir Leichtigkeit ins Hirn. Pierre zündet sich eine Gaulloise blue an. Zieht den Rauch in die Lunge, als würde sein Leben davon abhängen, bläst den Rauch mit einem »Ah« aus. »La diction, Patrick.« Ich will mein Portemonnaie ziehen, Pierre legt seine Hand energisch auf meine. »Oh, non, du bist meine Gast, und die Gast zahlt in Frankreich nicht!«

Okay. Dann schaut er mich mit einem schelmischen Blick an, bei dem ich weiß, jetzt hat er etwas vor. »Hast du gemerkt? Wir haben das Wichtigste vergessen!« Ich bin ratlos. Wir haben doch alles, das Gemüse, den Fisch, Crème fraîche, waren sogar noch im Ölladen neben dem Markt, wo sich Pierre eine Haselnussölmischung mit Armagnac – »für die Salade!« – hat abfüllen lassen. Den »Salade« haben wir natürlich auch. Ha, verrät sein Blick, als ich im Dunkeln tappe, ha, erwischt. »Und? Was ist das Wichtigste bei die Essen? Hä? Die Wein. Aber den haben wir nicht vergessen, den kaufen wir directement beim Winzer ein.« Und dann lächelt er mich augenzwinkernd an. »Und den werden wir sehr, sehr gründlich aussuchen! »Versprochen!«, klatscht er mir auf den Schenkel, »Allons-y! Auf geht's!« Der Weinkauf war ebenso sinnlich, lustvoll und ausgiebig, hat mir dann aber den Rest gegeben. Zugegeben, ich war ziemlich blau. Zum Glück ist Pierre gefahren.

»Allons-y, Monsieur Didier«, sagt Pierre zu mir. Er hat mich für ein paar Tage in die Gascogne »verschleppt«. Dort gibt es wirklich guten Wein, nicht diesen »Scheisedreck« von Baron Rothschild, er will Château de Cassaigne kaufen. »Und du auch!« »Was soll ich?« »Acheter le vin, bien sûr!«, da gibt es keine Widerrede, da ist er unnachgiebig. Und natürlich kennt er die »richtigen« Winzer. Und am Abend, da gibt es »große Überraschung«. »Du wirst staunen.«

Am Abend nach der Weinprobe – die ich hier dezent überspringe – dann die Überraschung. Wir fahren los. Ich habe Hunger, »três bien, ich auch«, triumphiert Pierre. Wohin es geht, verrät er nicht. Da ich ihn gut kenne, wird schon nichts schiefgehen. Wir fahren zuerst über eine große Landstraße, dann über eine kleine, dann über eine noch kleinere. Zum Schluss biegt Pierre unvermittelt in einen Feldweg ab, der sich auf einen Berg windet. Soll es hier wirklich was zu essen geben? Oder landen wir in einer illegalen Schnapsbrennerei und dann im Suffkoma? Plötzlich taucht wie aus dem Nichts hinter ein paar Sträuchern ein altes Landhaus auf. »Voila!«, wieder der Triumph in Pierres

Stimme. »Hä?«, sage ich auf Rheinländisch, was übersetzt so viel heißt wie: »Ich kann hier gar nichts erkennen, bist du sicher, dass wir hier richtig sind?« Man kann gar nicht sehen, ob das Haus überhaupt bewohnt ist. Wenn ich Pierre nicht so gut kennen würde, hätte ich jetzt Angst, dass er mich zu irgendeiner Separatistengruppe – immerhin stehen noch zwei Autos vor der Tür – schleppt oder mein letztes Stündlein geschlagen hätte und man meine gebleichten Knochen vielleicht in 20 Jahren, wenn überhaupt, wiederfinden würde. Pierre stößt selbstbewusst die alte Tür auf, von der die grüne Farbe fast abgeblättert ist.

Und wie durch ein Wunder tut sich eine andere Welt auf. Das scheinbar dem Verfall preisgegebene Gebäude zeigt sein wahres Gesicht. Eine Gaststube, erleuchtet und möbliert. Zugegeben, mit etwas ältlicher Möblierung, aber genau das ist es, was ein richtig gutes französisches Essen verspricht. »Mon ami, comment allez-vous?« Küsschen links, Küsschen rechts, Küsschen links, auf die Wangen der schon etwas in die Jahre gekommenen Madame Duran, die Besitzerin des Restaurants. Aber was heißt hier Restaurant. Auf dem Weg kein Wegweiser, draußen kein Schild. Und nachher auf der Rechnung kein Stempel, kein Name. Ein getarnter Gourmetschuppen, als wäre es in Frankreich illegal, Gästen Essen zu kochen und zu servieren. Aber Franzosen lieben die raffinierte Küche und auch die einfache »Buchführung«. Ausrechnen, welcher Mehrwertsteuersatz am Tresen für Wein oder Schnaps oder am Tisch berechnet wird, ist ihnen einfach zu kompliziert. Abgesehen davon hat Madame Duran dafür gar keine Zeit. Ihr Mann, der ihr sonst hilft, ist im Moment krank. Daher die »vereinfachte« Buchführung: gar keine. Deshalb gibt es, so erklärt die Madame, zurzeit auch nur eine »abgespeckte« Speisekarte, nämlich gar keine. Sie kann, so übersetzt Pierre, nur einen »Salade« machen mit einer Paté. Aber der hat es in sich. Noch nie habe ich eine Leber gegessen, die so zart war. Nachtisch? Bien sûr, der darf nicht fehlen. Crème brûlée vom Feinsten. Und dann kommt Madame Duran irgendwann an unseren Tisch. In der rechten Hand eine Flasche Armagnac, die Pierre mit leuchtenden Augen fixiert, in der linken drei kleine Gläser. Wie ein Verdurstender, der gerade aus der Wüste kommt, starrt er auf die Flasche, die Madame Duran jetzt aufzelebriert und einen goldgelben, fast bräunlichen Inhalt in die kleinen Gläser gießt. Pierre kann es kaum erwarten – ich schaue auf das alte Etikett und versuche, den Preis zu schätzen. 120 Euro, 200 Euro oder mehr. Hoffentlich zieht sie wenigstens die Mehrwertsteuer ab, die sie mit ihrem Tarnschuppen gespart hat.

Bevor ich diese kruden Gedanken verfeinern kann und auf die »Schnapsidee« komme, die Steuer auszurechnen – so was traue ich mir zu, vor allem nach einer Weinprobe im Weingut Wirs, bei der ich nach zwölf Proben nicht mehr in der Lage war, zu entscheiden, welchen Wein ich mitnehmen sollte und welchen nicht. Zum Glück hat Pierre meinen Mangel an Entscheidungsfähigkeit geistesgegenwärtig kompensiert und Monsieur Wirs gesagt: »Alle«. Ich musste beim Preis etwas schlucken, habe aber keinen Einspruch erhoben. In Frankreich spricht man nicht über Geld, man haut es einfach auf den Kopf. Und so haut mir Pierre jetzt auf die Schulter, so fest, dass ich mein sechstes Glas Armagnac beinahe wieder ausgespuckt hätte. »C'est mon ami Didier d'Allemagne!«, posaunt er dabei heraus. »Willkommen«, sagt Madame Duran und will wissen, woher ich komme. Ah, aus »Bon« wiederholt sie. Das gefällt ihr, eine Stadt in Deutschland mit einem französischen Namen und noch einem so lustbesetzten. Da muss sie gleich noch mal nachschenken. »Ist auch bon, oder?« Madame Duran hebt dabei triumphierend die Armagnacflasche in die Höhe, als sei sie ein Siegespokal. »Ja, sehr.« Ich hebe ebenfalls triumphierend mein Glas und leere es. Reflexartig füllt Madame es wieder auf. Dann ist die Flasche leer und ich bin froh, dass Pierre nach Hause fahren will und nicht noch eine ordert. 90 Euro schreibt Madame in den Block. Doch nicht so viel, wie ich gedacht habe. Aber es ist ja auch keine Mehrwertsteuer drauf.

Neugier

Neben einer zufälligen doppelten Genmutation und unserem nahezu grenzenlosen sexuellen Appetit, den schon unsere Vorfahren entwickelt haben, und neben der vermutlich noch grenzenloseren Bereitschaft männlicher Artgenossen zur selbstlosen Erbgutverteilung ist die Neugier ein wesentlicher Motor menschlicher Entwicklung. Ohne Neugier hätten wir uns zwar wahnsinnig gut vermehrt, alle möglichen Formen von Naturkatastrophen und Epidemien überstanden und uns nach dem Prinzip der natürlichen Auslese auch immer weiterentwickelt, wären widerstandsfähiger geworden. Wir hätten aber niemals ein Bewusstsein entwickelt mit der Fähigkeit, nicht nur über Probleme nachzudenken, sondern auch unser Handeln zu reflektieren.

Darauf will ich hier aber nicht weiter eingehen (auch wenn es lohnenswert wäre, über die Folgen der eigenen Neugier nachzudenken, bevor man zum Beispiel eine Atombombe baut). Worauf ich hinweisen möchte, ist, dass Neugier ein universelles Phänomen ist, das kulturell und altersunabhängig ist, aber vor allem ein nie versiegender Fluss menschlicher Freude, Zufriedenheit und Befriedigung. Das bedarf eigentlich keiner Erörterung, wird aber leider oft vergessen oder vernachlässigt.

Dabei ist es eine sehr günstige Möglichkeit, sich selbst Freude zu machen.

4 Aktiv tätig sein

Aufschieben
Vom Charme des richtigen Aufschiebens

»Verschiebe nichts auf morgen, was du nicht auch auf übermorgen verschieben kannst.« Ein schelmischer Ausspruch des großen Mark Twain. Damit meint er natürlich die unangenehmen Dinge des Lebens. Was immer mit »Prokrastination« gemeint ist. Wer würde schon andere ermahnen, die lustvollen Dinge nicht schleifen zu lassen? Ich zum Beispiel. »Wann gehen Sie endlich mal wieder ins Theater? Sie können das doch nicht dauernd aufschieben.« »Gönnen Sie sich etwas. Verschieben Sie es nicht immer auf morgen.« erwartet man eher in der Werbung, wobei eigentlich gemeint ist: »Gönnen Sie uns endlich etwas, schieben Sie Ihr Geld zu uns rüber.«

Wenn ich mich jetzt für das Aufschieben starkmache, riskiere ich natürlich, von Kolleginnen und Kollegen auf das moralische Schafott der Psychotherapie gezerrt zu werden. Das macht nichts, da war ich schon oft.

Und es kommt noch schlimmer. Ich werde mich für und gleichzeitig gegen das Aufschieben aussprechen. Für das Aufschieben unangenehmer, aufgezwungener, unnützer, aber verpflichtender Dinge, wie Steuererklärung, Unkrautjäten, Jahresabschluss, Steuerbelege sortieren, Urlaubs- oder Weihnachtskarten schreiben, Pflichtbesuche bei ungeliebten Verwandten (außer zur Pfefferernte, weil sie wunschgemäß in ein Land gezogen sind, das dieses Gewürz anbaut), Keller ausmisten, Dachpfannen säubern und so weiter – kurz, der ganze unerträgliche Scheiß eben. Aber das Aufschieben soll nur eine Zwischenstation auf dem Weg zum Ausmerzen sein. Unsinnige Sachen, zu denen man nicht gezwungen ist, sollte man aussortieren. Nicht aufschieben, sondern ganz abschaffen. Das schafft zeitlichen Platz und neue Kraft.

Aussprechen werde ich mich für wichtige, lustvolle, einmalige, persönlichkeitsförderliche Angelegenheiten. Und dazu ermutigen, diese nicht aufzuschieben.

Erinnern Sie sich noch, was Sie mit 16 oder 18 vorhatten? Ich meine die verrückten Ideen, also die Vorhaben, die nicht geradlinig sind, Dinge, die lustvoll und spannend sind. Die spannender sind und Ihre Entwicklung mehr fördern als ein Bachelorstudium der Betriebswirtschaft in Maastricht. Auf das »Maastricht-Thema« werde ich später zurückkommen. Hier geht es um die Fahrradtour durch Afrika, Work and Travel in Australien, Volontier in Alaska oder Simbabwe. Vor vielen Jahren habe ich mal ein Pärchen kennengelernt, die haben mit 23 beziehungsweise 20 Jahren Folgendes gemacht: Er war ein Erfolg versprechender Informatiker, sie hat, glaube ich, Kunstwissenschaft studiert. Damals hatten die Computer die Größe von Kleiderschränken und Kunstwissenschaftler hatten noch Aussicht auf eine Stelle. Die Schwester des Informatikers wollte einen Japaner heiraten und lud beide zur Hochzeit ein. Da es damals noch keine Billigfluggesellschaften gab, waren die Flüge extrem teuer. So teuer wie ein gutes Motorrad. »Dann fahren wir doch einfach mit dem Motorrad dahin«, war seine verrückte Idee. Als eher technisch ausgerichteter Mensch kannte er die Umwege des Unbewussten noch nicht. Vermutlich wusste er nicht einmal, dass es so etwas gab. Also nahm er eine Karte und einen Taschenrechner. (Für die jüngere Generation: Taschenrechner waren Ein-App-Mobilgeräte mit einem Zahlen-Tastenfeld und einem Minimal-Bildschirm.) Er überschlug die Strecke, berechnete die Reisedauer und bemaß die Reisekasse. Er nahm, glaube ich, zwei Monate Urlaub für Hin- und Rückfahrt und eine Woche bei der Schwester. Die beiden wussten damals noch nicht, dass sich afghanische »Autobahnen« deutlich von deutschen unterscheiden und 40 Kilometer am Tag schon mal ein guter Durchschnittswert waren. Und dass man Benzin oft nicht bei Aral, sondern nur »oral«, also durch Beziehungen bekam, die man erst einmal knüpfen musste, sonst läuft im wahrsten Sinne des Wortes nichts mehr. Ich kürze ab: Nach drei Monaten erreichten sie Indien. In Indien lebt das Unbewusste. Und man wird eingesogen – die beiden etwa ein halbes Jahr. Sie haben Gurus besucht. Und verbotenerweise auch noch Tibet.

Das Eingesogenwerden in Indien kenne ich nur zu gut. Dort geht alles ruhiger und gemächlicher zu. Als ich meinen Freund Sudhir einmal dort besucht habe (er ist auch Psychoanalytiker und Schriftsteller, schreibt aber viel wichtigere Bücher und besser als ich), sah ich bei Straßenarbeiten, die in Indien überwiegend von Hand ausgeführt werden, einen Bautrupp, der gerade einen Weg für die Asphaltierung vorbereitete. Es sah eher aus wie Pantomime, nicht wie effiziente Arbeit. Aber das war es nicht, was meine Aufmerksamkeit erregte. Im Straßengraben lag reglos einer der Arbeiter. Da ich mich um den Mann sorgte, sprach ich den Arbeiter an, den ich wegen seiner offensichtlichen Untätigkeit als Bauleiter identifizierte, und wollte wissen, was mit dem Mann los ist. »Der schläft«, war seine lapidare Antwort. Er muss an meinem erstaunten Gesicht gesehen haben, was ich mich in meiner westlich-preußischen Zwanghaftigkeit fragte. Noch bevor ich den Satz denken, geschweige denn aussprechen konnte, antwortete der Bauleiter: »Was soll er denn sonst machen, wenn er müde ist?« Verblüfft musste ich zugeben, dass er recht hatte. Der Bauleiter schüttelte den Kopf, als wollte er ausdrücken, wie man nur so blöde Fragen stellen könne. Diese Szene wird mir immer im Gedächtnis bleiben.

Ja, das ist Indien. Dort haben die beiden etwas Wichtiges gelernt und beschlossen, danach zu handeln: Nicht mehr der Kalender, sondern ihr Gefühl sollte künftig entscheiden, wie lange sie an einem Ort bleiben und wann es Zeit war, aufzubrechen. Und es passierten immer verrücktere Sachen. Plötzlich war es kein Problem mehr, Kontakt zu Einheimischen zu bekommen. Selbst in China, welches sie illegal bereisten, halfen Chinesen den beiden und führten die Polizei, die ihnen immer dicht auf den Fersen war, an der Nase herum. Den Plan, der Schwester und dem Schwager in Japan zu gratulieren, haben sie nicht aufgegeben, eher angepasst. Schließlich bereisten sie Asien und, weil es quasi auf dem Weg lag, auch Australien. Mit einer kleinen Verspätung von drei Jahren erreichten sie Japan. Auf dem Weg dorthin hatten sie ihr Geld ausgegeben, aber auch ihre Angst verloren. Denn sie hatten (weise) beschlossen, von niemandem Geld anzunehmen. Nur die Motorräder wurden kostenlos repariert. Ehrensache für die örtlichen Motorradwerkstätten oder Schrauber. Es reichte ein »von den crazy Germans« für die Werkstattwand. Sie hatten beschlossen, ihren Lebensunterhalt und die Reisekosten selbst zu verdienen und nahmen jede Arbeit an, ob auf dem Reisfeld für ein paar Cent am Tag, für viele Yen als Deutschlehrer in Japan oder auf dem Bau. Von Japan ging es dann heimwärts. Über Südamerika, wo sie den Amazonas mit einem selbst gebauten Floß, das von den Motorrädern angetrieben wurde, durchquerten. Auf der Panamerika nach Alaska mit Pferden, sie lebten in Südamerika bei Indianern. Dann fiel ihnen auf, dass sie einen Kontinent glatt vergessen hatten: Afrika. Der wurde auch noch erkundet. Dann ging es tatsächlich nach Köln zurück. Auf einem Boot, das sie in Südamerika gebaut hatten. In Rotterdam wussten die Holländer nicht, was sie mit dem Gefährt anfangen sollten, und ließen sie nach Köln weiterfahren. Die örtliche Wasserschutzpolizei hatte erhebliche Zweifel an der Verkehrssicherheit des Bootes und ein Kapitänspatent lag offenbar auch nicht vor. Dass das Boot beschlagnahmt wurde, war nicht weiter tragisch. Immerhin waren sie wieder zu Hause. Nach 16 Jahren. Mittlerweile waren die beiden durch Zufall zu Millionären geworden: Nachdem *National Geographic* eine Reportage über sie gebracht hatte, wurden sie überall zu Vorträgen eingeladen, auch in Deutschland. Nach einem Jahr hatten sie die Nase voll von Deutschland und haben eine Finca in Chile gekauft.

Spannende Geschichte. Und ich habe nie mehr so angstfreie Menschen kennengelernt. Wichtig: Das Unbewusste hatte sie dahin gebracht. Dahin bringt einen keine Berufs- oder Studienberatung.

Aber was ist das »normale«, das geradlinige Schicksal solcher Träume? Richtig: Sie werden verschoben. Nach dem Abitur oder dem Schulabschluss wäre die beste Zeit. Besser erst mal die Berufsausbildung machen. Zumindest den Bachelor. Aber jetzt unterbrechen? Auch nicht gut, dann eben nach dem Master. Aber was macht das für einen Eindruck im Lebenslauf? (Darauf komme ich gleich noch.) Also eine Arbeitsstelle suchen. Einarbeiten, Vertragsverlängerung, unbegrenzter Vertrag, Partnerschaft, Kinder, Hausbau. Oje, also, wenn ich pensioniert bin. Kein guter Plan.

Aber was ist mit dem Argument, dass es eine Lücke im Lebenslauf gibt, die einem »zum Verhängnis« werden könnte? Ich will es kurz machen: Das ist ausgemachter Blödsinn. Das Gegenteil ist der Fall. Versetzen Sie sich mal in die Rolle eines Arbeitgebers. Sie haben zwei junge Menschen vor sich, beide erfüllen Ihre Anforderungen. Der eine hat sein Studium direkt nach dem Abitur absolviert, der andere ist ein Jahr lang mit dem Fahrrad durch Afrika gereist. Wer bekommt Ihre (ungeteilte) Aufmerksamkeit? Was werden Sie den geradlinigen fragen und was werden Sie von dem Abenteurer im Vorstellungsgespräch erfahren wollen? Würden Sie nicht denken: Mannomann, der hat aber Mumm in den Knochen! Und Durchhaltevermögen – der gibt nicht so schnell auf. Der wird bestimmt auch mit unterschiedlichen Menschen gut umgehen können. Und, Hand aus Herz, wer wird wohl die besseren Geschichten in der Kantine erzählen? Wenn nun noch ein Betriebspsychologe dabeisitzt, wird er ihm vermutlich eine ausgereiftere Persönlichkeit attestieren.

Berufswahl
Warum man einen Beruf nie ohne Melonenernte wählen sollte

Die Berufswahl ist eine der beiden einzig wichtigen Entscheidungen im Leben, die über nachhaltige Zufriedenheit oder nachhaltiges Unglück entscheiden können. Die andere Entscheidung ist die richtige Wahl der Partnerschaftsform und des richtigen Partners. Darüber hatte ich schon ansatzweise berichtet, werde aber später noch darauf zurückkommen.

Dass die richtige Berufswahl sehr wichtig ist, wird wohl jeder unterschreiben können. Meist sind die Prioritäten jedoch anders gesetzt. Für die Mehrheit, insbesondere die Mehrheit der Eltern, ist die ökonomische Absicherung das entscheidende Kriterium. Also seinen Beruf so zu wählen, dass man in der Zukunft gute Chancen hat. Dass wirtschaftliche Veränderungen oder Unabwägbarkeiten trotzdem gute, vor allem »wirtschaftlich« gute Voraussetzungen bieten, um so den Lebensplan, den ich später aufs Korn nehmen werde, weiterzuverfolgen. So landen viele bei der Betriebswirtschaft oder im Jurastudium, weil man damit »immer etwas machen kann«.

Psychologisch gesehen völliger Blödsinn, denn was ich nicht mit dem Herzen, also voller innerer Überzeugung mache, ohne Herzblut und ohne Leidenschaft, kann nichts werden. Natürlich gibt es wirtschaftlich erfolgreiche Anwälte oder Betriebswirte – was ich hier aber meine, ist der »psychologische Erfolg«, also, wie persönlich zufrieden der wirtschaftlich erfolgreiche Jurist ist. Geht er gern zur Arbeit? Freut er sich auf seine Mandanten oder nur auf die Gehaltszahlung oder das Honorar? Oder gehen ihm irgendwann die langweiligen Scheidungen mit dem üblichen Gezanke, die Verkehrsunfälle und die Äste vom Nachbargrundstück ziemlich auf die Nerven? Dann bewegt er sich auf ein Burn-out zu. Langweilen ihn hingegen die Fälle, ist »einer wie der andere«, steuert er ins Bore-out. Dieses Phänomen ist seit über 30 Jahren bekannt, doch viele, selbst Kollegen, kennen es nicht oder ignorieren es schlicht und ergreifend. Das Tückische am Bore-out: Es erzeugt die gleichen Symptome wie ein Burn-out. Körperliche und geistige Erschöpfung, Antriebslosigkeit, Desinteresse, Schlafstörungen, psychosomatische Störungen, Selbstwertprobleme, Depressionen, Angstzustände. Wird ein Bore-out fälschlicherweise als Burn-out diagnostiziert und behandelt, dann wird dem Betroffenen »Arbeit abgenommen«, er wird geschont. Die Folge ist klar: zunehmende Unterforderung mit stärkeren Symptomen. Wenn derjenige dann noch in eine psychotherapeutische Reha-Kur geschickt wird und dort noch mehr geschont wird, wird sich seine Situation immer weiter verschlechtern. Im schlimmsten Fall wird man ihm zu einer Umschulung in einen Beruf raten, der ihn noch mehr schont.

»Wer liebt, was er tut, wird nie wieder arbeiten müssen.«

Das soll der weise Konfuzius gesagt haben. Ich kann Ihnen aus eigener Erfahrung sagen, dass das stimmt. Wer Spaß an der Arbeit hat, grämt sich nicht schon sonntagabends, dass er am Montag zur ungeliebten Tätigkeit gehen muss. Er freut sich auf seine Arbeit.

Ist es dahin nicht ein steiniger Weg, ist es nicht unmöglich, das zu erreichen?, werden sich manche fragen. Ich kann dazu sagen: nein – wenn man sich vorher Zeit gelassen hat, zu »fühlen«, was das Richtige für einen ist. Vergessen sollte man Statistiken, denn Schicksale werden nicht von Statistiken geschrieben. Auch nicht von Wahrscheinlichkeitsrechnungen. Die meisten Menschen misstrauen diesen ohnehin. Wie erklärt es sich sonst, dass jeden Samstag etwa ein Viertel der Deutschen zur Lotto-Annahmestelle laufen, obwohl die Wahrscheinlichkeit, den Haupttreffer von 1,5 Millionen Euro zu gewinnen, 1:14 Millionen beträgt, das heißt, quasi gleich null ist – circa 150 von 20 Millionen Spielern bekommen ihn pro Jahr. Und von den Einsätzen gehen noch 40 Prozent Steuer ab, bevor sie in den Auslosungstopf gehen – Tucholsky hat dies »Dummensteuer« genannt. Wenn ich dann Ihnen noch erzählen würde, dass nach einer wissenschaftlichen Arbeit der Universität Köln der Gewinn durchschnittlich vier Jahre hält ... tue ich aber nicht.

Stellen Sie sich vor, Sie kommen am Samstagvormittag in die Lotto-Annahmestelle, wollen dort vielleicht nur eine Zeitung kaufen, um die Neuigkeiten von gestern zu erfahren, und die Verkäuferin fragt Sie: »Hätten Sie Lust, dem Staat vier Euro zu schenken? Und sechs Euro anderen zu spendieren für ein Glücksspiel, bei dem Sie fast keine Chance haben, etwas zu gewinnen. Und wenn doch, ist das Geld nach vier Jahren weg. Die Arbeitsstelle, die Sie trotz guter Vorsätze dann doch gekündigt haben, bekommen Sie auch nicht mehr. Hartz IV ebenfalls nicht.« Ich bin mir sicher, diese Lotto-Annahmestelle wäre bald dicht. Trotzdem rennen jährlich 20 Millionen Deutsche genau dorthin, zahlen freiwillig Extrasteuern, obwohl es ein (vermutlich nicht nur deutscher) Lieblingssport ist, die Steuer zu bescheißen, wo es nur geht. Mein Tipp an den Finanzminister: Erhöhen Sie den Hauptgewinn auf zehn Millionen und besteuern Sie die Lottoeinnahmen mit 90 Prozent. Das geht statistisch nicht? Oh doch, ziemlich einfach: mit 6 aus 59! Ich versichere Ihnen, das rechnet kein Lottospieler nach! Sie könnten auch damit werben, dass ein solcher Gewinn 40 Jahre hält. Stimmt natürlich nicht, ich tippe eher auf sechs. Aber das müssen wir ja niemandem verraten.

Warum sollte das nicht auch für die Berufswahl gelten? Ganz einfach: weil wir keinen Einfluss auf die Wahl der Lottozahlen haben. Sie können mit noch so viel Engagement und Herzblut Ihre Zahlen ankreuzen und die Lottofee im Fernsehen noch so leidenschaftlich ansehen, es wird nichts helfen. Das sind bloß Tischtennisbälle, beschrieben mit 49 Zahlen. Und die werden von einer Maschine, gezogen, nicht »ausgewählt«. Die Tischtennisbälle haben keinen Plan, keinen Willen, nichts. Die Zahlenkombinationen sind zufällig. Die Wahrscheinlichkeit, dass nächsten Samstag dieselbe Zahlenkombination wie bei der letzten Ziehung kommt, ist genauso groß wie jede andere Kombination auch. Es ist aber wahrscheinlicher, dass eine andere kommt, weil es etwa 14 Millionen andere Kombinationen gibt. Glauben Sie nicht? Ich muss etwas gestehen: Ich war einmal in einem Spielcasino. Nicht in Monaco, sondern in Saint-Raphaël. Da kam an einem Tisch innerhalb von einer Viertelstunde sieben Mal die Eins. Schon saß ich da und nach einer weiteren Viertelstunde waren meine 200 Francs futsch – die Eins kam einfach nicht mehr. Lehrgeld. Schade, ich hätte mir besser einen guten Armagnac gegönnt. Der wäre zwar heute auch futsch, aber ich hätte eine bessere Erinnerung daran!

Unseren Berufsweg und unsere Karriere können wir sehr wohl beeinflussen. Bevor Sie nervös werden: Ich gehöre nicht zu Gauner-Coaches, die in prall gefüllte Stadthallen gehen und dort mit prall gefüllter Brieftasche herauskommen, indem sie Tausenden vorgegaukelt haben, dass sie erfolgreich sein können. »Wenn sie nur wollen. Wenn Sie mit voller Energie und ohne Zweifel an eine Sache herangehen!« Das ist nicht nur dummes Zeug, sondern derartiges Aufpeitschen ist sogar gefährlich und gehört meiner Ansicht nach verboten.

Ich meine eine Wahl mit Leidenschaft und Herzblut, dass man etwas gefunden hat, das dem eigenen Selbst, den Bedürfnissen des Unbewussten, der Persönlichkeit entspricht. Kurz: Dinge, die man gern und freiwillig macht, die einem Spaß machen, auf die man neugierig ist. Aber zuvor ist noch eine andere Frage wichtig:

Will ich mit meinem Beruf nur Geld verdienen – oder mich auch selbst verwirklichen?

Viele würden spontan wohl sagen: natürlich beides. Verständlich, aber die folgenden Überlegungen erscheinen doch wert, darüber nachzudenken.

Es kann durchaus Vorteile bringen, wenn ich mit meiner Arbeit nur Geld verdienen will und mit diesem Geld meinen Leidenschaften in der Freizeit frönen kann. Das müssen nicht immer nur profane Freuden wie Sport oder Reisen sein. Ich kann mich auch künstlerisch betätigen (nur ein Prozent der in Deutschland freischaffenden Künstler können von ihrer Kunst allein leben) oder mich sozial engagieren, wie es zum Beispiel Albert Schweitzer getan hat. Er war Arzt und Orgelspieler, wollte aber nicht reich werden, sondern hatte den Traum, ein Krankenhaus in Gabun zu gründen. Für alle, nicht nur für Betuchte! Da er in Europa mehr Geld mit Orgelkonzerten verdienen konnte, hat er dies auch getan und das Geld dann nach Afrika getragen.

Wenn Sie nicht so gut Orgel spielen können, könnten Sie auch einen Internethandel gründen, um einer Berufsausbildung zu entgehen. Oder eine machen, um ein sicheres Einkommen zu haben, also vielleicht sogar in einem Büro landen. Wichtig für Ihre Zufriedenheitsbilanz ist, dass Sie etwas haben, was Sie mit Leidenschaft erfüllt. Und dass der Beruf beziehungsweise die Arbeit, die Sie ohne Leidenschaft und Herzblut machen, Sie nur so stark beansprucht, dass Sie in der Freizeit genügend Kraft und Lust haben, dem nachzugehen, wofür Ihr Herz eigentlich schlägt. Sind Sie abends erschöpft, genervt oder frustriert, werden Sie vermutlich bald die Lust daran verlieren. Das sollte man bei einer rein pekuniär orientierten Arbeitswahl gut bedenken. Wichtig erscheint mir in diesem Zusammenhang auch die Frage, ob Sie mit der Tätigkeit nicht Gefahr laufen, dass sie Ihnen eines Tages langweilig wird. Dann wirkt sich das, wie bereits beschrieben, frustrierend und toxisch aus.

Abhilfe kann hier eine gewisse von Anfang an eingebaute Flexibilitätsoption schaffen, wenn Ihnen also mit der Berufswahl viele Betätigungsfelder offenstehen. Wer beispielsweise im Eventmanagement tätig ist, etwa bei der Planung oder beim Aufbau hilft, kann zu einem anderen Anbieter wechseln. Wer sich aus Angst vor Arbeitslosigkeit verbeamten lässt, bekommt in zweierlei Hinsicht »lebenslänglich« – im Unterschied zum Straftäter, der schon nach 15 Jahren freikommen kann, ohne Bewährung. Wer die Sicherheit außen sucht, hat oft keine innere Sicherheit und große Angst, aus dem selbst gebauten Käfig »auszubrechen«. Dass man wirkliche, also beständige Sicherheit nur im eigenen Selbst, also im Inneren findet, haben die zwei Weltreisenden gezeigt.

Diese Variante, sein Geld zu verdienen, hat einen enormen Vorteil. Zwar muss man auf Sicherheit eher verzichten, erhält dafür jedoch ein Höchstmaß an Freiheit – auch an äußerer Freiheit. Man ist offener für Zufälle im Leben, die einem in dieser

Konstellation auch eher begegnen als im sicheren Bereich. Ich habe mal einen Menschen kennengelernt (er möchte unerkannt bleiben), der erzählte mir folgende Begebenheit. Er war Jurist und lernte auf dem Golfplatz einen jungen Mann kennen. Der sprach ihn frech an, ob er nicht 10 000 Dollar in sein Geschäft investieren wolle, er suche noch einen Geschäftspartner. Der Anwalt fand die Idee, die der junge Mann ihm präsentierte, ziemlich absurd, abwegig und gefährlich. Wer will schon Bücher über das Internet kaufen? Die kauft man doch lieber beim Buchhändler. Schon der Name des Unternehmens, welches der junge Mann nach einem lateinamerikanischen Fluss benennen wollte, zeigte dem Anwalt, dass dieser größenwahnsinnig sein musste und Geld für die Baugenehmigung eines Wolkenkuckucksheimes ergattern wollte. Was er mit den eingesparten 10 000 Dollar gemacht hat, darüber wollte er nicht sprechen. Solche Begegnungen müssen nicht immer auf dem Golfplatz stattfinden und auch nicht diese Dimension haben, sie werden aber kaum passieren, wenn man als Beamter in irgendeiner Schreibstube hockt. Und wenn, dann wird man nicht die Freiheit und den Mut haben, zugreifen zu können. Natürlich ist es immer gut, vorsichtig zu sein und sein Geld, seine Kraft und seine Chancen im Leben nicht unnötig wie in einer Lotterie aufs Spiel zu setzen.

Eines kann ich Ihnen verraten: Der Jurist kann morgens besser in den Spiegel sehen, weil er zum Beispiel seine Angestellten fair bezahlt.

Ich bin so einst Journalist geworden (ich habe immer mehrere Berufe gleichzeitig ausgeübt – einer allein war mir zu viel). Einem Freund wurde eine Stelle als Lokalreporter angeboten, als Freelancer. Er wollte sie nicht. Ich war gerade 18 und mit der Schule fertig und hatte sowieso nichts Bestimmtes vor. Und ehrliche Arbeit gab es damals auch nicht (kleiner Scherz nach Mark Twain). Durch weitere Zufälle landete ich zunächst beim

Hörfunk, dann beim Fernsehen. Machte irgendwann Dokumentarfilme (Filmemacher wollte ich auch gern werden) und hatte zum Schluss eine eigene Filmproduktionsfirma, mit der ich mein Studium und meine therapeutischen Ausbildungen finanzierte.

Die meisten, die sich für die sichere Variante des Geldverdienens entscheiden, tun dies in den seltensten Fällen aus Überzeugung, sondern eher aus Verlegenheit, aus Unentschlossenheit, aus Ungeduld, aus Panik oder sonstigem inneren oder äußeren Druck heraus. Dann wird »irgendein« Beruf gewählt. Zwar nicht überlegt, aber dennoch auch »undurchfühlt«, also ohne innere Überzeugung.

Der Druck, den junge Menschen heute auf sich selbst und ihre Eltern auf sie ausüben, ist immens und wächst immer weiter. Oft kommen Eltern mit dem »Maastricht-Syndrom«, so habe ich es genannt, zu mir. Das Kind soll also in Maastricht studieren (erfolgsorientierte Eltern verirren sich scheinbar gern bei mir), da habe man später die besten Chancen. Aber die Bewerbungsfrist läuft ab und er oder sie (meistens eher er) will sich nicht bewerben. Die Tinte auf dem Abiturzeugnis ist noch nicht ganz trocken, aber es soll weitergehen. Es darf keine Lücke entstehen, sonst hat er später keine Chance. Ob ich nicht mit ihm reden könne, so von Mann zu Mann? Ich soll ihn überzeugen, in Wirklichkeit aber manipulieren. Ja, will der denn BWL studieren und weiß er, dass Sie hier sind? Was würden Sie denken, wenn er zu mir kommen würde und mich zum Beispiel bitten würde, Sie zu bequatschen, ihm sein Erbe schon jetzt auszuzahlen? Worum geht es denn in Wirklichkeit? Die Eltern machen sich Sorgen, weil er noch nicht weiß, was er will. Vielleicht braucht er Therapie? Nein, er braucht keine Therapie, er braucht seine Ruhe.

Aber dann verliert er ein Jahr, wie schrecklich, erst mit 22 seinen Bachelor und mit 24 den Master zu haben. Wenn man sein

Leben wie eine ICE-Zugfahrt plant und alle Stationen, Ankunfts- und Abfahrtszeiten genau plant, ist man vermutlich schneller am Zielbahnhof und hat schon mit 35 sein Burn-out und damit Zeit, sich in der Phase der Arbeitsunfähigkeit neu zu orientieren und eine Umschulung zu machen. Nicht schlecht, diese Planung, aber warum der Umweg? Warum nicht mit der Orientierung beginnen? Ohne Burn-out und vielleicht im Bummelzug, mit Stadtbesichtigungen oder gar längeren Aufenthalten.

Wenn gar nichts hilft und die Situation zu Hause eskaliert, denn oft können Eltern einfach nicht loslassen, empfehle ich die »Melonen-Therapie«, so habe ich das einmal genannt. Ein Jahr Work and Travel in Australien. Man darf als junger Mensch so viel reisen und arbeiten, wie man will. Die meisten arbeiten drei Monate und reisen neun. Gesünder als umgekehrt, wie es den Eltern vielleicht lieber wäre. Melonen-Therapie deshalb, weil viele als Melonenerntehelfer arbeiten. Keine Sorge, das sind nicht diese türkischen Riesenteile, die wie grüne Fliegerbomben aussehen und auch so schwer sind. Auch wenn man das von Australien anders erwarten würde, haben die Melonen dort eher die Größe von Honigmelonen. Etwa so groß, wie die Augen der jungen Menschen zu leuchten beginnen, wenn ich ihnen davon erzähle.

Warum so weit weg? Das hat mehrere Gründe. Zum einen: Weiter weg von zu Hause geht nicht. Die Eltern können nicht mal eben nach dem Rechten sehen, sie werden gezwungen, loszulassen. Was mir aber am wichtigsten erscheint: Der junge Mensch entfernt sich auch innerlich weit von den elterlichen Wertvorstellungen. Ist vor deren panischen Nervereien geschützt, die außer schlechter Laune und Reaktanz ohnehin nichts bringen. Er kann (wieder) fühlen lernen, neue Menschen und andere Lebensstile entdecken. Bei den Aborigines wohnen und das eine oder andere ausprobieren, auch wenn davon nicht alles legal ist. Dieses Jahr wird den jungen Menschen in seiner persönlichen Entwicklung weiter bringen als irgendein Studium an einer Eliteuni. So weit weg empfiehlt sich auch, damit es eine Herausforderung für den jungen Menschen wird. Er lernt, das zu meistern, bewältigt schwierige Situationen, entdeckt Fähigkeiten in sich, die er vorher nicht kannte – oder entwickelt sie gezwungenermaßen, weil er nicht mal eben nach Hause kann. Das stärkt das Selbstwertgefühl und den Charakter des jungen Menschen, weil er sich besser entfalten kann als unter Muttis und Vatis strenger Aufsicht. Sie wollen doch nur sein Bestes. Bekommen sie aber nicht, das hat er jetzt selbst entdeckt, entwickelt und behält es auch. Deshalb taugt Luxemburg, England oder Portugal nicht dafür.

Keine Angst, bisher ist keiner als Junkie zurückgekommen oder zum Dauer-Oblomow geworden. Es kamen immer junge, in vielerlei Hinsicht stärker gewordene Menschen zurück, die sich selbst und das Leben besser kannten als vorher und mutiger geworden sind. Und vor allem: Originale und keine Kopien ihrer Eltern.

Ein Original sind wir, wenn wir geboren werden. Und es bedeutet das größte Glück, wenn man ein Original bleibt und nicht zur Kopie wird.

Wenn wir diese erste Entscheidung mit ganzem Herzen zugunsten von »ich will mehr als nur Geld verdienen« getroffen haben, lautet die nächste Frage automatisch, was wir tun wollen.

Dazu müssen wir ein neues Kapitel öffnen.

Erfolg
Warum Erfolg doch wichtig ist – auch wenn das missverstanden wird

Warum sage ich jetzt, dass Erfolg doch wichtig ist? Hatte ich doch zuvor eher einen anderen Weg empfohlen. Dazu müssen wir betrachten, was gemeinhin unter Erfolg verstanden wird – und was ich darunter verstehe, nämlich eine gesündere Sichtweise.

In der Gesellschaft, wer oder was auch immer »die« Gesellschaft ist, wird unter Erfolg primär die »Gesamtbilanz« eines Menschen gewertet. Also wie viel verdient er heute, welchen Posten hat er, wie viel Gewinn macht er, welche Titel hat er und so weiter. Wer mit 45 immer noch nicht Oberarzt ist, hat, so will man uns weismachen, »etwas falsch gemacht«. Wer mit 38 noch kein Haus gebaut hat, auch. Wer mit 28 noch studiert und mit 32 noch kein Professor ist, auch. Wer mit 51 immer noch am alten Käfer rumschraubt, statt eine »angemessene« Mittelklasse-Limousine zu fahren, ebenfalls. Auch wenn es nicht offiziell gesagt oder bescheinigt wird: Man ist »draußen«, ausgeschlossen. Man wird belächelt, nicht ernst genommen, ist in den Augen der anderen ein Versager. Dabei leben wir in einer Kultur, in der alle »inkludiert« werden sollen, keiner ausgeschlossen werden soll. Offiziell wird es als moralisch verwerflich angesehen, wenn Menschen mit Behinderung, Asylanten, People of Colour, Homosexuelle, Muslime et cetera ausgeschlossen wird. Menschen, die im gesellschaftlichen Sinn nicht erfolgreich sind, scheinen nicht in diese schützenswerte Kategorie zu gehören. Die darf man ungestraft als Versager bezeichnen. Ich finde, das ist ebenso diskriminierend, weil hier viele Umstände nicht mitbetrachtet werden. Zum einen können wir uns unsere Gene nicht aussuchen, weder unsere kognitive

Grundausstattung noch unseren Charakter. Zweitens wachsen wir alle in unterschiedlichen Verhältnissen auf. Wir können uns nicht aussuchen, ob wir in einem Professorenhaushalt, bei Millionären, Arbeitern, Beamten, in einer Trinkerfamilie oder bei gewalttätigen Eltern geboren werden. Drittens können wir nur bedingt beeinflussen, wie wir von anderen beurteilt werden und ob unsere Persönlichkeit viertens anerkannt und wertgeschätzt wird und wir entsprechend gefördert werden. Die größte Begabung nützt wenig, wenn sie nicht erkannt wird. Und selbst, wenn das der Fall ist, unterliegt sie nach wie vor dem Schicksal elterlicher Wertschätzung. So kann eine intellektuelle Begabung in einer Handwerkerdynastie als »überflüssig« angesehen werden, vielleicht weil das Kind den elterlichen Betrieb einmal übernehmen soll, oder aus prophylaktischen Gründen, um sich nicht dümmer als das eigene Kind fühlen zu müssen. Andererseits kann eine Akademikerfamilie den Wunsch des Kindes, ein Handwerk zu erlernen, oft ebenso wenig ertragen. Fünftens kommen dann mögliche »Verbiegungsversuche« hinzu, die das Schicksal der eigenen Neigungen und des eigenen Talents beeinflussen können. Der Begabte in der Handwerkerfamilie könnte dazu gedrängt werden, »Holzbau« zu studieren, denn dann hätte man einen respektablen »Ingenieur« in der Firma. Gleiches kann in der Akademikerfamilie passieren, wenn die Tochter überredet wird, Krankenschwester statt Kfz-Mechanikerin zu werden. Die geheime Hoffnung der Eltern könnte sein: Dann bekommt sie vielleicht Spaß an der Medizin und wird später doch noch studieren. Und man entgeht der vermeintlichen Peinlichkeit, im erlauchten Kreis Gleichgesinnter erklären zu müssen, warum die Tochter nicht studieren will und ob man ihr das nicht austreiben könne. Dabei liebt die Tochter den Geruch frischen Motoröls und freut sich wie eine Schneekönigin, wenn sie den stotternden Motor zum Schnurren gebracht hat.

Sechstens ist die richtige Förderung ebenso entscheidend für das weitere »Erfolgsschicksal«. Fatalerweise werden oft gerade begabte Kinder nicht ausreichend gefördert, weil die Eltern meinen, dass sie es mit ihrer Klugheit schon allein schaffen werden. Manche Eltern verstehen es auch nicht, ihre Kinder zu unterstützen, sind vielleicht egoistisch und delegieren die Verantwortung an die Schule. Doch auch die ist in der Regel überfordert und muss die Begabung erst einmal sehen. Viele Begabte werden als minderbegabt eingestuft, weil sie im Unterricht wegen Unterforderung abschalten. Die Gefahr eines Bore-outs beginnt schon früh, streng genommen direkt nach der Geburt – Eltern mit wissenshungrigen Säuglingen wissen, wovon ich spreche. Andererseits: Leider halten heute manche Eltern ihr ganz normales Kind für hochbegabt.

Die möglichen weiteren Baustellen, Straßensperrungen und Umwege will ich im Einzelnen nicht aufzählen.

Wichtig erscheinen mir drei weitere gesellschaftliche Fehlbetrachtungen bei der Einschätzung, ob jemand erfolgreich ist oder nicht. Und zwar die Zeit, die es gedauert hat, bis jemand etwas erreicht hat, und zweitens, in welchem Alter er oder sie das erreicht hat. Hier gibt es scheinbar klare Maßtabellen, die die Entscheidung pseudoobjektivieren sollen. Eine 92-Jährige (das real existierende Beispiel findet man im Internet), die ihren Doktortitel macht, wird hoch geachtet, auch wenn sie vielleicht länger gebraucht hat als andere. Ein 40-Jähriger, der nach 15 Jahren Universitätsaufenthalt das Gleiche erreicht, landet schnell in der Kategorie »Versager«. Ein summa cum laude nützt dann wenig. Im Gegenteil, vermutlich denken viele: Das ist ja wohl das Mindeste, was man nach der langen Zeit erwarten kann. Nur am Rande: Wissen Sie, wie lange eine Dissertation in der Archäologie durchschnittlich dauert? Was tippen Sie, fünf Jahre, sechs Jahre? Nein, es sind genau zwölf. Noch nie etwas davon gehört? Das liegt vermutlich daran, dass die Archäologie eine äußerst bescheidene Wissenschaft ist. Sie kann zwar kleinste Erfolge als Sensationen feiern, zum Beispiel wenn die Gravur von Trinkbechern einer Maja-Kultur, die bisher regional begrenzt zu sein schien, 500 Kilometer weiter in leicht veränderter Form gefunden wird. Dennoch bleibt man bescheiden, schließlich verändern solche Entdeckungen nicht die Welt. Und man will auch nicht Atlantis finden, weil man weiß, dass die »großen Dinge«, sofern es sie noch gibt, eher durch Zufall als durch besessenes Buddeln gefunden werden. Archäologen graben auch nicht mit dem Schaufelbagger, sondern mit dem Teelöffel und der Zahnbürste. Und selbst kleinste Scherben werden fotografiert, dokumentiert, katalogisiert.

Über Bescheidenheit und Geduld werde ich später noch mehr sagen. Aber hier schon einmal so viel: Leidenschaft kann auch langsam, still und leise ausgeübt werden.

Wenn wir – arrogant, wie ich finde – darüber urteilen, dass ein Mensch zu lange für etwas gebraucht oder zu spät damit begonnen hat, vergessen wir zu fragen, warum es länger als üblich gedauert hat. Dafür kann es gute Gründe geben. Der- oder diejenige musste das Studium selbst finanzieren, hat Kinder bekommen, wurde krank, hat die Eltern oder andere Angehörige gepflegt. Trotzdem reicht das nicht, um die- oder denjenigen zu rehabilitieren und seine Leistung als ebenbürtig anzuerkennen. Offenbart dieser Mensch aber, dass er eben lieber »gemütlich« studieren wollte, ein Jahr in den Höhlen des Valle Gran Rey gelebt oder in der Finca Argayall meditiert hat, wird das nicht anerkannt, sondern belächelt. Vermutlich wird er als Spinner abgetan werden. Ich persönlich, das nur am Rande bemerkt, finde Spinner spannender als Spießer, weil ich daran interessiert bin, was in den Köpfen und Herzen interessanter Menschen vorgeht, und nicht, was in den Köpfen und Herzen der anderen Gruppe nicht vorgeht. Aber das ist ein anderes Thema, mit dem ich mich bei vielen Kollegen unbeliebt gemacht habe. Das ist mir zum Glück nicht nur egal; im Gegenteil: Man muss schließlich die richtigen Feinde haben. Auch darüber später noch mehr.

Der nächste und sehr gewichtige Fehlmaßstab für Erfolg ist das Geld. Geld in Form von monatlichem Verdienst oder von Vermögen oder vermögensähnlichen Werten ist der offizielle Maßstab für Erfolg. Substitut können sportliche, literarische, akademische Erfolge sein. Wenn beides zusammenkommt, fällt die offizielle Bewertung noch besser aus. Allerdings muss sie noch die Division durch die Zeit, die es gedauert hat, überstehen. Wer schnell reich wird, steht ganz oben. Dabei spielt es in der öffentlichen Meinung keine Rolle, wie die- oder derjenige diese Erfolge erzielt hat. Hat er es selbst erreicht oder erfunden oder auf Kosten anderer oder gar durch Ideendiebstahl? Der soziale Verantwortungsfaktor spielt nicht nur keine Rolle, er wird vorsätzlich unter den Tisch gekehrt.

Dass Jeff Bezos versucht, die Löhne der Mitarbeiter, ohne die er nie reich geworden wäre, zu drücken, wo es nur geht, indem er zum Beispiel Versandstandorte in Nachbarländer verlegen lässt und so nebenbei auch noch die Ökobilanz verschlechtert, dass er seine Gewinne in Steueroasen versteuern lässt, interessiert weniger. Entscheidend ist, dass er 200 Milliarden Dollar besitzt. Dass er zu den Gewinnern der Covidpandemie gehört, will auch keiner so recht wissen.

Hand aufs Herz: Wo haben Sie das letzte Mal ein Buch bestellt? Also, ich bestelle meine Bücher lokal, beim buchLaden46, einem kleinen Buchladen, genau nach meinem Geschmack.

Schauen wir uns aber die Option auf der anderen Seite an. Wie wäre es, wenn gesellschaftlich anerkannter Erfolg nicht danach bemessen würde, wie viel jemand erschaffen hat, sondern wie er es erreicht hat und für wen? Wenn wir nicht fragen, wie lange er oder sie dafür gebraucht hat, sondern mit welchem Einsatz, Engagement, Selbstverzicht und Durchhaltevermögen man es geschafft hat? Und ob man seine Mitarbeiter – auch diejenigen in den Entwicklungsländern – fair behandelt und bezahlt hat? Wie wäre es, wenn wir Erfolg danach bemessen, wie ökologisch nachhaltig ein Unternehmen wirtschaftet?

Das wären die Werte, die ich mir wünschen würde.

Zusammengefasst: Es ist gesellschaftlich nur anerkannt, wenn man den vorgegebenen Wegen folgt, sich gesellschaftlichen Normen anpasst. Dass die wenigsten gern in diesem Wolkenkuckucksgefängnis leben und sich nur deshalb nicht trauen zu fliehen, weil sie Angst vor der Freiheit haben, vielleicht etwas zu faul sind ihren Hintern zu erheben und eventuell auch zu bequem, um Verantwortung zu übernehmen, dazu später mehr.

Selbstwirksamkeit
Selbstwirksamkeit brauchen wir dringender als »große Erfolge«

Unser Selbstwertgefühl baut sich aus einzelnen Erfahrungen auf, die uns in zwei Dimensionen bestätigen, dass wir wirksam sind und unsere persönliche Existenz wichtig ist. Die zwei Dimensionen sind zum einen die unmittelbare Erfahrung der Selbstwirksamkeit eigenen Handelns: Ich kann etwas bewirken oder erreichen. Das kann ein Türmchen sein, das ein Kleinkind baut, oder ein Kuchen, den ein Konditorlehrling herstellt und mit dem er zufrieden ist. Dadurch bestätige ich mir, dass ich etwas kann. Diese Erfahrungen werden zwar oft durch Misserfolge infrage gestellt, auf Dauer kumulieren sich aber die Ergebnisse und werden zu einem stabilen Bestandteil unserer Persönlichkeit. Irgendwann muss ich mich nicht mehr fragen, ob ich lesen kann. Ich weiß es und nichts deutet darauf hin, dass ich diese Eigenschaft verlieren könnte. So erwerben wir irgendwann einen kristallinen Anteil unseres Selbstwertgefühls, behalten aber einen fluiden. Damit ist alles gemeint, was wir noch nicht oder nicht so gut können, dass wir es als stabil bezeichnen würden. Der fluide Bereich beheimatet auch unseren Stolz. Selbst wenn wir unerschütterlich von unserem Können überzeugt sind, tut es gut, ab und an die Erfahrung zu machen, dass wir etwas in einem bestimmten Bereich gut geschafft haben. Kein Fußball-Torjäger würde sagen: Ich weiß jetzt, dass ich Tore schießen kann, also brauche ich keine mehr zu schießen.

Die andere Dimension ist die Gemeinschaftsdimension. Etwas zu tun, was einem anderen oder einer Gruppe nützt oder guttut, schafft ebenfalls Selbstwirksamkeitserfahrungen und damit ein gutes Selbstwertgefühl.

Was viele nicht wissen oder nicht beachten, vielleicht verdrängen oder verleugnen: Auch »negative Selbstwirksamkeitserfahrungen«, also wenn wir anderen schaden, wirken sich auf unsere Selbstwertbilanz aus. Dem gefundenen Portemonnaie das Bargeld zu entnehmen und beim Fundamt zu behaupten, es sei leer gewesen, vergrößert unser Vermögen, schädigt aber unser Selbstwertgefühl. Wenn Sie das nächste Mal eine Geldbörse finden, freuen Sie sich an dem Gesicht dessen, der sie verloren hat und staunt, dass noch alles drin ist.

Ich glaube sogar, dass sich prosoziales Verhalten in unserer Persönlichkeit ebenso »festbrennt« wie antisoziales Verhalten. Man spürt doch irgendwie, ob jemand zu den Guten beziehungsweise Netten gehört oder ob er ein Halunke ist.

Wichtiger ist es, sich bei der Berufswahl zu fragen, welche Beschäftigung mir die befriedigendsten Selbstwirksamkeitserfahrungen gibt oder bisher gegeben hat.

Und sich Gedanken darüber zu machen, dass ich den Beruf möglicherweise 40 oder 50 Jahre oder länger ausüben werde. Ist das in Ordnung oder werde ich davon gelangweilt sein? Oder genervt, weil mir die Tätigkeit irgendwann, wenn sie zur Routine wird, auch auf den Nerv gehen könnte?

Wenn Sie die letzte Frage eher mit Ja beantworten würden oder sich nicht sicher sind, ob ein klares Nein angemessen wäre, sollten Sie sich fragen, ob diese Tätigkeit Variationsmöglichkeiten bietet. Könnte ich als Schreiner vielleicht auch im Schiffbau tätig werden? Könnte ich mich selbstständig machen? In die Entwicklungshilfe gehen? In einer Berufsschule unterrichten? Wichtig ist, dass ich mir das, was ich am Beruf schätze, was mir Freude macht, beibehalten kann.

Aber das Allerwichtigste bleibt: Ohne Herzblut und Leidenschaft sollten Sie keinen Beruf ausüben. Und andere Dinge am besten auch nicht. Leider quälen uns das Leben oder, besser gesagt, unsere Mitmenschen, gern – ich glaube, sie tun es wirklich gern – mit langweiligen, unsinnigen, dämlichen Arbeiten, die sie uns abverlangen.

Um etwas zu tun, brauchen wir entweder eigene Motivation, also einen »Antrieb« oder Druck von außen. Kurz: Entweder mit dem Brustton tiefster Überzeugung und Entschlossenheit oder mit der Pistole auf der Brust – wie wollen Sie lieber arbeiten? Also, ich werde lieber vom Schreibtisch weggezerrt als dorthin geschleift.

Herzblut und Leidenschaft

Kann man ohne Herzblut und Leidenschaft erfolgreich sein? Ich will, auch wenn der Schluss nach den letzten Kapiteln naheliegt, die Frage nicht mit einem klaren Nein beantworten. Vielleicht kommt bei mancher Arbeit der Spaß erst nach einiger

Zeit. Möglicherweise beim Geldzählen. Ich möchte aber zur Vorsicht mahnen: Wir Menschen besitzen starke Selbsttäuschungsmechanismen, mit deren Hilfe wir auch Lagerhaft oder andere brenzlige Situationen überstehen können, ein von der Evolution vorgesehener sinnvoller Mechanismus. Leider konnte die Evolution nicht mit unserer Entwicklung Schritt halten – wir haben sie schon lange überholt. Aus dem Homo erectus wurde der Homo connectus, der nicht mehr nach Nahrung, sondern nach WLAN sucht.

Und so können wir uns vormachen, dass das Smartphone ein nützlicher, unentbehrlicher Helfer ist, ohne den wir den Alltag nicht überstehen würden. Und ignorieren, dass man mit dem Smartphone oft Probleme löst, die man ohne es nicht hätte.

Kommen wir nach diesem Schlenker zur Eingangsfrage zurück. Stellen Sie sich Folgendes vor: In Ihrer Gegend gibt es eine Lehrstelle als Motorradmechaniker. Diese ist nicht nur gut bezahlt (so viel Geld hatten Sie noch nie in der Tasche), sondern liegt zudem nur zehn Minuten von Ihrem Elternhaus entfernt. Aber eigentlich haben Sie mit Motorrädern nix am Hut, würden lieber Konditor werden. Für diese Stelle müssten Sie aber eine halbe Stunde früher aufstehen und hätten 100 Euro weniger in der Tasche. Außerdem gehen Ihnen Motorradfahrer auf den Senkel. Nehmen wir weiter an, Sie schaffen es durch die Motorradmechanikerlehre, machen vielleicht sogar gequält Ihren Meistertitel darin und eröffnen schließlich eine Motorradwerkstatt. An der Wand hängt Ihre Meisterurkunde, die Ihnen bescheinigt, dass Sie die Prüfung mit Bravour bestanden haben und diesen Beruf ausüben dürfen.

Alles ist da, Hebebühnen, Druckluftanlage, Werkzeugkisten. Es fehlt nur Ihre Begeisterung und das Leuchten in Ihren Augen, wenn ein Kunde mit einer Horex Imperator, Baujahr 1955, auftaucht. Der »Freak« müsste diese sofort aus allen Winkeln inspizieren, um dann dem stolzen Besitzer auf die Schulter zu klopfen, weil er gar nicht anders kann, und zu sagen: »Mann, ist die gut gepflegt, da ist noch alles original dran! Wie hast du das hinbekommen?« »Ja, die hab ich vor vier Jahren in einem Schuppen im Saarland aufgegabelt – Mensch, die sah aus – hier ein paar Fotos. Drei Jahre Arbeit. Aber jetzt kann sie sich sehen lassen.« »Respekt, das hast du klasse hinbekommen. Weiß nicht, ob ich es so gut geschafft hätte.« »Ja, das ist eben mein Baby.« Wetten, dass der Laden dann »brummen« würde im wahrsten Sinne des Wortes? Vielleicht würde er sogar Kultstatus erreichen unter Motorradfahrern. Genau so leidenschaftlich waren übrigens Anfang des 19. Jahrhunderts die Freunde William S. Harley und Arthur Davidson – ich denke, Sie kennen das Produkt.

Wenn Sie aber den gleichen Kunden, der kurz vor Feierabend im Türrahmen steht, etwas missmutig fragen, was Sie für ihn tun können (wobei Sie eigentlich damit meinen, was er für Sie tun kann) – glauben Sie wirklich, dass Sie genauso viel Erfolg haben würden? Und noch wichtiger: Wie zufrieden würden Sie selbst sein?

Ein »Freak«, wird vermutlich gern eine halbe Stunde dranhängen und zu Hause dann seiner Partnerin, die »klugerweise« auch motorradbegeistert ist (1976er Yamaha-»Eintopf«), sagen: »Entschuldigung, Schatz, dass ich zu spät komme, aber du wirst es nicht glauben, da kam vorhin noch ein Typ, der hat eine original Horex Imperator Baujahr 1955 selbst zusammengefrickelt. Dem hab ich noch 'ne neue Zylinderkopfdichtung draufgezogen.« »Was, echt, die gibt's noch? Warum hast du mich nicht angerufen?« Okay, vielleicht etwas übertrieben, solche Partnerschaften sind vermutlich noch seltener als eine Horex Imperator, Baujahr 1955.

Viele Eltern drängen ihre Kinder in Studiengänge, die die Kinder selbst im tiefsten Inneren ablehnen, dann aber vielleicht doch wählen, weil sie das elterliche Nörgeln leid sind, ihnen selbst nichts Besseres einfällt oder weil sie in Panik verfallen oder in diese hineingetrieben worden sind.

Jura und BWL sind der Klassiker. Ich habe diese Menschen dann oft bei mir in der Praxis, weil sie eine Lernstörung entwickelt haben. Diese entsteht, weil sie sich zu lange vorgemacht haben, dass ihr Studium Spaß machen würde. Dabei war ihnen schon nach einem Semester klar, dass das Fach langweilig, die Dozenten verklemmt und anspruchsvoll und die Kommilitonen öde sind. Nicht seine Welt. Jetzt hat er Angst, wenn nicht schon Panik, dass es nichts anderes für ihn geben wird. Ich versuche dann immer, ostfriesische Gelassenheit in die Sache zu bringen. Denn oft wollen die jungen Menschen sofort etwas anderes studieren. »Aber was soll ich wählen? Können Sie mir das sagen?« Muh, würde der Zen-Buddhist sagen, auf alle Fragen, auf die es keine Antworten gibt.

Wenn man kein Ziel hat, kann man noch so schnell reisen, man wird nie ankommen.

Stammt von mir, falls Sie es zitieren möchten. Wenn Sie klauen, werde ich böse.

Und die oder der oben Erwähnte muss das Ziel eben »erfühlen«. Das kostet Zeit. Und genau das weiß man in Ostfriesland.

Chaos

Vom Charme des Chaos

»Ohne Chaos kann nichts Neues entstehen, ohne Ordnung hat es keinen Bestand«, meint Albert Einstein.

Ordnung ist eine feine Sache, das wusste schon der alte Goethe. In seinen Häusern hat er penibel Ordnung gehalten – außer in seiner Schreibstube. Dort herrschte kreatives Chaos. Dafür hat er der Nachwelt große Werke und Erfindungen hinterlassen. Er erfand, das wissen die wenigsten, die moderne Sprache-zu-Text-Umsetzung, also Siri und die SMS – damals noch drahtlos und ohne PC oder Smartphone. Aber das ist eine andere Geschichte. Ordnung ist eine feine Sache, Aufräumen hingegen nicht. Aufräumen ist eine unendlich unkreative und Unlust erzeugende Arbeit. Ich glaube, es gibt wohl niemanden, der auf die Frage, was er am Wochenende machen würde, antwortet: »Keine Zeit, da will ich aufräumen. Ich freu mich schon so darauf.« Sondern eher: »Am Wochenende muss ich aufräumen. Aber was hast du als Ausrede zu bieten?«

Dabei gilt Ordnung als eine wichtige Tugend. Man sollte sich nur fragen, wo sie wirklich wichtig ist und wo sie als sinnentfremdeter Zwang zur Erfüllung irgendeiner Norm, die wir nicht kennen oder nicht verstehen oder ohnehin nicht akzeptieren, gegen den eigenen Willen exekutiert wird. Eine Freundin von mir (sie möchte nicht genannt werden) hat eine eigene Form der Ordnung. Nämlich keine. Wenn man sie besucht und sie einen fragt, ob man eine Tasse Tee möchte, schiebt sie mosaisch ein Loch auf den Couchtisch, trennt das Meer der Dinge, die dort lagern, sodass genau eine Tasse dazwischen passt. Dann verschwindet sie in der Küche und an den Klappergeräuschen ist leicht zu erkennen, dass sie Tassen im Spülstein sucht und abspült. Auf ihrem Schreibtisch liegt eine mindestens 20 Zentimeter hohe Unterlagenschicht. Zum Glück ist sie eine »Papier-Geologin«, sie kennt die Zeitgeschichte der Unterlagen genau und weiß, in welcher Höhe ein Brief vom März liegt – vom vorletzten Jahr, versteht sich. Aber sie hat immer Zeit und gute Laune.

Einwohner der Provence und der Côte d'Azur sehen das ähnlich gelassen. Wer ein Haus hat, besitzt in der Regel auch einen Schuppen. Dort kommt alles rein, was im Haus stört. Ausmisten? Fehlanzeige. »Und was ist, wenn der Schuppen voll ist?«, wollte ich einmal wissen. »Dann bauen wir einen neuen.« So geht es auch. Sie werden in Südfrankreich vermutlich auch niemals einen Menschen sehen, der Fensterläden streicht, wohl aber Fensterläden mit ausgeblichener Farbe. Manchmal hängen sie nur noch an einem Scharnier. Und was ist, wenn das auch noch bricht? Dann werden sie unter das Fenster gestellt. Oder in den Schuppen. Über Frankreich werde ich Ihnen im nächsten Kapitel berichten.

Meine privaten Unterlagen kommen nicht fein säuberlich deutsch abgeheftet in ebenso fein säuberlich beschriftete Ordner, sondern in zwei Kisten. Die eine beschrifte ich mit der aktuellen Jahreszahl, die andere ist für Versicherungskram. Alte Jahrgänge werfe ich nach zwei Jahren unbesehen weg, die Versicherungskiste miste ich bei der Gelegenheit aus. Mein Freund Sudhir aus Indien hat da »natürliche Helfer«, die die Altakten datenschutzgerecht entsorgen: Termiten. Die fressen alles bis auf die letzte Seite weg. Leider ist die Einfuhr indischer Termiten in Deutschland verboten.

Zeit und Geld

Zeiträuber und Lusträuber

Zeit für ein paar Betrachtungen zur Zeit. In Frankreich bleibt die Zeit für mich oft stehen, was nicht nur an Pierre, sondern auch am Pastis liegt und der französischen Langsamkeit schlechthin. Sie verplempern übrigens auch keine Zeit damit, Rechnungen in Restaurants auseinanderzuklamüsern. Während sich hier viele mit kompliziertem Auseinanderdividieren herumschlagen, wer welche Getränke hatte, und den Kellner quälen und verwirren – es wird mindestens dreimal neu gerechnet und am Ende bleibt immer ein Bier übrig und das Ganze geht von vorne los; der Kellner bekommt kein Trinkgeld, sondern Schmerzensgeld –, macht man es sich in Frankreich leichter: 92,50 Euro, vier Freunde, vier Brieftaschen, viermal 25 Euro, passt! Amusement geht vor Clamusement.

Wenn ich jede E-Mail mit einem persönlichen Anschreiben (»Vielen Dank für Ihre Anfrage ...«) beantworten würde, käme ich zu nichts. Ich bekomme täglich mindestens 100 E-Mails, meist sind es etwa 200. Auch das wäre ein prima Vorbereitungskurs für die Hölle, die ich mir übrigens digital vorstelle – mit lauter Computern, die nicht funktionieren. Oder wäre das der Himmel? Keine Ahnung. Auf jeden Fall hab ich keine Zeit und keine Lust dazu. »Findet das Treffen morgen um 15:00 Uhr statt?« Antwort: »Ja.« Unhöflich? Nein. Und das hat mich zur Erfindung meiner »20-Sekunden-Regel« gebracht, die ich zugegebenermaßen, obwohl sie von mir stammt, genial finde. Die geht so: Alles, was an neuen Aufgaben oder neuen Quälereien reinkommt, prüfe ich, ob ich es in 20 Sekunden erledigen kann. »Französischen 20 Sekunden«, also so Pi mal Daumen, also gefühlten 20 Sekunden eben. Wie die erwähnte E-Mail oben. Öffnen, zwei Buchstaben in die Tastatur kloppen, weg.

Was sich nicht in 20 Sekunden erledigen lässt, zum Beispiel, weil ich mich fünf Minuten darüber ärgern oder zehn Minuten fluchen müsste, wird in folgende Kategorien eingeteilt: unwichtig, wichtig, sehr wichtig, besonders wichtig und wirklich wichtig. Und danach »abgearbeitet«. Also überlegt – ganz kurz nur, versteht sich – ob ich die E-Mails oder Aufgaben auf morgen, übermorgen, nächste Woche oder nächstes Jahr verschiebe. Ganz so schlimm ist es meist nicht, in der Regel bekommen die meisten rasch eine Antwort: innerhalb von drei Monaten. Eiligere Dinge sollten bei mir per Brief angefragt werden.

Dabei habe ich eine ziemlich wichtige Entdeckung gemacht: Nicht nur Auberginen oder Fisch haben ein Verfallsdatum, E-Mails auch. Briefe ebenso. Und da hat sich vieles schon von selbst erledigt. Wer hätte das gedacht? Ich natürlich!

Warum muss man eine E-Mail oder eine Messenger-Nachricht immer sofort beantworten?

Die meisten würden sagen: weil das so erwartet wird. Stellen Sie sich einmal vor, der Postbote kommt, klingelt und gibt Ihnen einen Brief. Er erwartet, dass Sie den Brief sofort lesen und ihm die Antwort mitgeben. Ziemlich absurd. Oder? Genau so verhalten sich die Absender von E-Mails oder Nachrichten. Aber man muss ja nicht jeden Blödsinn mitmachen. Tout de suite muss nur der Pastis kommen.

5 Verantwortung und Selbstfürsorge

Authentisch sein
Warum man sich nicht verbiegen oder selbst verleugnen sollte

Dieses Kapitel liegt mir besonders am Herzen. Denn wir werden als Originale geboren und sollten nicht zu Kopien werden. Zunächst werden uns große Anpassungsleistungen abverlangt, man nennt es auch Sozialisation. Oder Erziehung, was für mich den faden Beigeschmack von Manipulation hat und damit die Unterdrückung der Natürlichkeit zum Ziel hat, mit dem Argument, die Anpassung sei für andere erforderlich. Nun könnte man einwenden, dass eine gewisse »Erziehung« wirklich notwendig sei, um insbesondere egoistische Motive zu bändigen, die einem anderen, der Gemeinschaft oder der Umwelt schaden. Der Umweltaspekt ist noch sehr jung. Noch vor 100 Jahren hat sich niemand Gedanken darüber gemacht, wie empfindlich das ökologische Gleichgewicht ist. Man muss aber berücksichtigen, dass die Menschen erst seit knapp 50 Jahren über die Folgen Bescheid wissen. Heute wird sich wohl niemand mehr herausreden können, er habe es nicht gewusst. Relativ neu ist auch der Respekt vor anderen Menschengruppen oder Völkern. Die

Kolonialzeit ist noch nicht so lange her – bis in die 50er-Jahre des 20. Jahrhunderts schien es eine Selbstverständlichkeit zu sein, manche Völker, oft als »Wilde« bezeichnet, auszubeuten und zu versklaven. Heute will man sie als »Wirtschaftsflüchtlinge« eher wegschicken, als Verantwortung für die Folgen zu übernehmen.

Wir Menschen leben immer in einem Widerspruch zwischen Bedürfnissen, die uns selbst nutzen, und Bedürfnissen, die der Gemeinschaft nutzen. Schaden meine eigenen, ich will sie jetzt mal »selbstbezogenen« Bedürfnisse nennen, anderen oder der Gemeinschaft nicht, gibt es keinen Konflikt. Denken wir uns einen Forscher, der aus selbstgefälligen Motiven heraus (und wer kann sich davon schon frei machen) nach einem Mittel gegen eine Krankheit sucht, die bisher nicht heilbar ist. Vielleicht schielt er insgeheim nach dem Nobelpreis, einem Lehrstuhl oder größerer Anerkennung. Oder er will seine Tinktur patentieren lassen, um reich zu werden. Da er letztlich anderen nutzt, wenn er dauernd in seinem Labor steht, wird es ihm niemand übel nehmen – außer vielleicht seine Familie. Steht er hingegen in einem Labor, in dem Crystal Meth hergestellt wird, dürfte der Fall wohl anders liegen.

Die entscheidende Frage ist meiner Ansicht nach, ob wir Menschen von Natur aus genügend Mitgefühl für andere aufbringen, um die Verantwortung für unser Verhalten zu übernehmen, sodass wir keine Erziehung brauchen, sondern nur ein paar kleine Korrekturen hier und da.

Ich glaube, ja. Wir Menschen besitzen das. Von Natur aus. Warum ich da so sicher bin? Weil es uns sonst nicht geben würde. Nur der Gemeinschaftssinn und der Wunsch, andere nicht zu schädigen, hat uns überleben lassen.

Wie kommt das? Es liegt meiner Ansicht nach in unserem Wunsch nach Bindung und Beziehung zu anderen. Diese Fähigkeit entwickeln wir schon als Säuglinge. Während der Säugling zunächst ein rücksichtsloser neuer Mitmensch, der Prototyp eines Egoisten zu sein scheint, dem die Bedürfnisse anderer Menschen ziemlich egal zu sein scheinen und für den Rücksichtnahme ein Fremdwort ist, entwickelt er etwa ab dem fünften Monat ein Verhalten, das Elemente von Schuld und Angst aufweist, was zu einer Minderung der fordernden Reaktionen führt. Melanie Klein hat dies als »depressive Position« bezeichnet.

Dabei ist zunächst die Angst des Säuglings, die Mutter als überlebensnotwendiges »Objekt« zu verlieren, vordergründig. Später erkennt der Mensch die anderen Qualitäten der Nähe in Beziehungen und möchte sie nicht mehr missen. Nicht nur, weil er es schön und angenehm findet, sondern weil wir Menschen diese Nähe brauchen.

Die eigentliche »Korrektur« antisozialen Verhaltens, die von so vielen Pädagogen als Notwendigkeit zu sozialem Verhalten angeführt wird, findet ohnehin im sozialen Kontext statt.

Neben der Wichtigkeit der Beziehungen und der Bindungsbedürfnisse von uns Menschen entwickeln wir etwa ab dem vierten Lebensjahr Empathie. Wir können uns in andere hineinversetzen und fühlen wie sie, auch wenn wir uns vielleicht nicht gerade in der gleichen (Not-)Situation befinden. Und weil uns die anderen wichtig sind, werden wir uns in vielen Handlungen selbst bremsen – und lernen, um Erlaubnis zu fragen. »Darf ich mich bei dir ankuscheln?« zum Beispiel.

Natürlich gibt es auch Handlungen, von denen wir zunächst nicht wissen, dass sie andere schädigen können. Oder wir konnten uns über die Folgen unseres Handelns vorher keine Gedanken machen, zum Beispiel, wenn uns die Lieblingstasse der Großmutter auf den Boden fällt. Es bleibt aber dabei, dass Menschen eher hilfsbereit sind, als dass sie andere schädigen wollen.

Das ist zwar in unserer genetischen Veranlagung verankert, es kann aber auch in die falsche Richtung gelenkt werden, wenn wir folgende Erfahrungen nicht machen: Zum einen brauchen wir eine Umwelt, also Eltern, eine Familie, in der wir willkommen sind und das auch spüren. Wir brauchen liebevolle Eltern, um uns selbst als liebenswerte Menschen zu erleben und unser Umfeld als liebevoll und nicht schädigend. Wir sprechen dann von der »Verinnerlichung eines guten Objekts«. Damit ist eine bestimmte innere Überzeugung und positive, menschenfreundliche Haltung gemeint, die uns ermöglicht, uns selbst und andere gut zu behandeln. Aus einem egoistischen Konflikt »Ich *oder* der andere« wird »Ich *und* der andere« oder »Ich und du«.

Der zweite Faktor, der diese positive Entwicklung begünstigt oder ins Gegenteil schlägt, ist das Lernen am Modell. Das brauche ich wohl kaum zu erklären. Eltern, die Mitmenschlichkeit predigen, sie aber nicht vorleben, werden nur neue verlogene Prediger erzeugen. Denn wir lernen nicht durch Sprache, sondern durch Vorleben.

Später kommt zur Empathie die Identifizierung hinzu. Wir finden den anderen so gut, dass wir sein wollen wie er. Oder die Gemeinschaft und deren Ziele, sodass wir auf die Fridays-for-Future-Demo gehen oder mit unserem Zelt in den Hambacher Forst. Wobei wir es hier mit zwei Identifizierungen zu tun haben: zum einen mit den ethischen Werten und erst als Zweites mit der Gruppe selbst.

Dennoch gibt es Egoismus und Rücksichtslosigkeit – ob diese zunehmen, wie viele glauben, kann ich nicht sagen. Es gab zu allen Zeiten unseres Menschseins Einzelne, die sich rücksichtslos, also zum Schaden anderer, verhalten haben. In Zeiten, in denen es keine festen Gemeinschaften gibt, die dieses Verhalten konstatieren und missbilligen würden, wird es solchen Menschen natürlich leichter gemacht. Diese Beobachtung missfällt uns zum Teil als soziale Kontrolle, die oft unter dem Deckmantel, das Gemeinwohl zu schützen, nur zum Nutzen Einzelner ausgeübt wird. Ob nun im Zunftwesen, das unter dem Deckmantel der Qualitätssicherung (eine Art mittelalterlicher Verbraucherschutz) Kontrolle über den Markt erzielen sollte, oder in modernen Zeiten, in denen Steuerreformen scheinbar den hart arbeitenden Menschen zugutekommen, in Wirklichkeit aber die Progression abflachen sollen. Sie haben Letzteres nicht verstanden? Gut so, denn so soll es auch sein. Denn wenn Sie die Wahrheit dahinter verstehen würden, nämlich, dass gleichzeitig der Spitzensteuersatz gesenkt wird, wären Sie vermutlich ziemlich verärgert.

Wenn Sie wüssten, dass der Spitzensteuersatz in Deutschland 46,5 Prozent beträgt, würden Sie sich auch fragen, wie das angehen kann. Also im Klartext: Wer 100 Millionen Euro Gewinn vor Steuern hat – das bedeutet Einnahmen minus Betriebsausgaben minus in Tochterfirmen minus in andere Auslandsfirmen verschobene Gelder minus in Stiftungen verschobene Gelder (sicherlich wird es noch mehr geben, aber dafür reichen die böswilligen Anteile meiner Fantasie nicht aus) –, zahlt dafür 46,5 Millionen Euro Steuern. Und wir hören die Betroffenen schon laut jammern, denn sie sehen nicht, dass ihnen 53,5 Millionen bleiben. 53,5 Millionen zum Ausgeben. Also 4,45 Millionen pro Monat. Oder 146 000 pro Tag. Ich glaube, die meisten Leser wären froh, wenn sie netto die Hälfte jährlich verdienen würden, oder verdienen Sie mehr als 6700 Euro netto pro Monat? Deshalb bin ich auch der Meinung, dass 6000 Euro ausreichen.

Mut
Warum Mut gesund und wichtig ist

Ab 1981 versammelten sich Menschen in der Nikolaikirche in Leipzig zu Friedensgebeten, mit denen sie ihre Hoffnung auf Verbesserung der menschenfeindlichen Situation in der DDR ausdrücken wollten. Nach acht Jahren fassen 1000 von ihnen den Mut und initiieren am 4. September 1989 eine verbotene Demonstration durch die Straßen von Leipzig. Da sie nicht in die Zukunft blicken konnten, war das eine sehr riskante Aktion, die mit Prügel, Tod oder jahrelanger schikanöser Haft hätte enden können. 1000 von 16,7 Millionen Menschen, eindeutig eine Minderheit – oberflächlich betrachtet zumindest. Einen Monat später sind es schon 20 000, zwei Monate später 300 000, die sich beteiligen. Das brachte das marode System zum Einsturz. Niemand hätte wohl am 4. September 1989 damit gerechnet, dass er genau zwei Monate später die Mauer zum Einsturz bringen würde.

Die menschliche Entwicklung wurde überwiegend durch mutige und unangepasste Menschen beeinflusst, gefördert und forciert. Leider, das muss man eingestehen, nicht immer zum Besten, wie wir jetzt an den Folgen des Klimawandels zu spüren bekommen. Aber auch schon in den »Hochzeiten« unseres kapitalistischen Größenwahns gab es mahnende Stimmen, die vor den Folgen gewarnt haben oder vor den Gefahren der Atomkraft. Dennoch ist vieles, was mutige Menschen erreicht haben, zum Nutzen der Menschen gewesen.

Am 1. Dezember 1955 fuhr die 42-jährige Schneiderin Rosa Parks mit einem Linienbus zu ihrer Arbeitsstelle in Montgomery in Alabama. Ein Fahrgast stieg ein und verlangte von Parks, dass sie unverzüglich ihren Platz räumen solle. Saß Rosa Parks auf einem Platz für Behinderte? Nein. Sie war schwarz, er ein Weißer. Und Rosa Parks hatte auf einem Sitz gesessen, der Weißen »vorbehalten« war – eine heute unglaublich erscheinende Arroganz. Ihre Verhaftung und Verurteilung führten zu einem Streik der überwiegend farbigen Putzfrauen in Montgomery. Mit diesem Streik wurde die Rassentrennung in den Verkehrsmitteln aufgehoben.

Mutige Menschen leben nach ihren eigenen inneren Regeln, Rosa Parks hatte nur klar »Nein« gesagt und wohl kaum erahnt, was daraufhin passieren würde.

Fürsorge und Selbstfürsorge

Über die wichtige Funktion der Fürsorge, die wir von anderen erfahren oder diesen zuteilwerden lassen, hatte ich bereits einiges geschrieben. Ebenso wichtig ist jedoch die Selbstfürsorge, denn nur wenn wir uns selbst für liebenswerte und schützenswerte Wesen halten, achten wir auf unsere persönlichen Grenzen und unsere Gesundheit.

Als Psychotherapeut muss ich das schon aus beruflichen Gründen ständig tun. Zur Selbstfürsorge gehören drei Bedingungen. Zum einen muss ich mir selbst so wichtig und wertvoll sein, dass es selbstverständlich ist, mich gegen Überlastung, gesundheitliche Schäden, Krankheiten oder Überforderung zu schützen. Zum anderen muss ich meine Selbstwahrnehmung in diesem Bereich schärfen. Ich sage bewusst nicht »entwickeln«, denn das beherrschen wir Menschen seit Geburt. Jeder Säugling wehrt sich, wenn ihm etwas unangenehm, wenn er überlastet oder überfordert ist. Ist er zu vielen Reizen ausgesetzt, die seine natürliche Reiz-Reaktions-Schranke überfordern, fängt er zunächst an, quengelig zu werden, und beginnt dann zu weinen, wenn nicht darauf reagiert wird. Erst im Laufe unseres Lebens verleugnen wir die Reize aus dem Unbewussten, die uns signalisieren, eine Situation zu verlassen oder eine Tätigkeit aufzuhören. Wir werden dazu aufgefordert, geduldig zu sein, durchzuhalten oder unangenehme Dinge auszuhalten oder Tätigkeiten, die uns zuwider sind, gegen unsere Überzeugung aufzunehmen. Das ist ein zweischneidiges Schwert, denn hier werden meiner Ansicht nach ein paar Dinge vermischt, die nichts miteinander zu tun haben. Zum einen ist der Mensch das einzige Lebewesen, das es geschafft hat, über die real erforderlichen Notwendigkeiten hinaus Antriebsmechanismen zu entwickeln. Jedes Lebewesen verfügt über ein biologisches Programm, das zum Beispiel die Nahrungsaufnahme steuert. Kein Feldhamster würde das gesamte Maisfeld, in dem er lebt, abräumen und in seinen Bau schaffen. Eichhörnchen sammeln viermal so viel an Vorräten, wie sie brauchen, um durch den Winter zu kommen. Das liegt nicht daran, dass sie Gier – von der ich glaube, dass nur wir Menschen sie besitzen – entwickelt haben. Sie haben nur ein unwahrscheinlich schlechtes Gedächtnis und können 75 Prozent ihrer Vorräte nicht wiederfinden. Als ich das gelesen habe, habe ich übrigens meine Bleistiftvorräte sofort vervierfacht. Die Xan, ein Naturvolk in der Kalahari, verbringen täglich drei Stunden damit, die für ihr Überleben notwendigen Arbeiten zu erledigen. Sie können ihre Nahrung nicht im Supermarkt kaufen, müssen mit sehr primitiven Mitteln jagen, haben nahezu keine natürlichen Wasserquellen, pressen Flüssigkeit aus Wurzeln und sammeln morgens den Tau auf. Dennoch arbeiten sie nur drei Stunden pro Tag, dafür allerdings jeden Tag. Selbst wenn man ihnen Wochenenden, Urlaub und Feiertage zugestünde, wären es trotzdem nur viereinhalb Stunden pro Tag. Allerdings brauchen sie weder Wochenenden noch Urlaub. Und Feiertage haben sie 365 im Jahr. Denn den Rest des Tages verbringen sie, wie viele von uns sich ihren Urlaub wünschen würden. Sie palavern, spielen mit ihren Kindern und tanzen – und zwar sehr viel. Und die Arbeit, die erledigen sie gemeinsam. Außer bei der Jagd palavern sie dabei oder singen. Psychotherapeuten brauchen sie nicht. Ein Kollege, der wie ich ethnopsychoanalytisch interessiert ist, also herausfinden will, was wir wirklich brauchen und was wir im Laufe unserer Entwicklung verloren haben, hat es einmal ausgerechnet. Er hat unsere Lebensverhältnisse auf das Niveau gebracht, das die Xan haben, also hinsichtlich Nahrung, Kleidung und Wohnraum. Natürlich verlangte er dabei nicht, dass wir in Strohhütten in den Wald ziehen und Hasen mit Pfeil und Bogen erlegen. Er hat die realen Gegebenheiten unserer Kultur als Basis genommen und zusammengerechnet, was Nahrung, Kleidung und Wohnraum auf einem einfachen Niveau kosten würden. Nicht unbedingt lebensnotwendige Güter hat er selbstverständlich nicht berücksichtigt. Selbst mit dem Mindestlohn würden in unserer Kultur drei beziehungsweise viereinhalb Stunden pro Tag ausreichen, um diesen Lebensstandard zu erreichen. Sie zweifeln? Es wären etwa 950 Euro pro Monat.

Die »Kosten für den Medizinmann« hat er bewusst weggelassen, weil sich diese Werte interkulturell nicht vergleichen lassen. Viele unserer Krankheiten sind zivilisationsbedingt. Die Xan leben gesünder und haben eine bessere Volksgesundheit, doch das ist ein anderes Thema.

Worauf ich hinauswill, ist etwas, das wir als »Realitätsprinzip« bezeichnen, welches das frühkindliche »Lust-Unlust-Prinzip« ersetzen soll und muss. Es bedarf wohl keiner Erörterung, dass bestimmte Arbeiten erledigt werden müssen, während andere Tätigkeiten zu unterdrücken sind. Auch die Xan bringen ihren Kindern beizeiten bei, sich altersgemäß an den notwendigen Aufgaben der Gemeinschaft zu beteiligen, beispielsweise nach Wurzeln zu graben, und bestimmte Sachen zu unterlassen, zum Beispiel während der Jagd zu palavern. Warum erwähne ich nicht, dass sie Sachen von anderen nicht nehmen dürfen, also »stehlen« verboten ist? Das liegt daran, dass sie keinen Besitzbegriff kennen. Wenn ein Xan einen Gegenstand nimmt, den er gerade braucht, nimmt er ihn. Vorausgesetzt, kein anderer arbeitet gerade damit. Stehlen würde ihnen so absurd vorkommen, als würde hier jemand sagen, er habe ein Glas Wasser aus einem Fluss gestohlen oder einen Tannenzapfen im Wald geraubt. Der Besitzbegriff ist erst im Laufe unserer Entwicklung entstanden und soll Machtverhältnisse sichern.

Denn wir müssen noch ein weiteres Phänomen untersuchen. Alle Lebewesen besitzen die Fähigkeit, in bedrohlichen Situationen Reserven anzuzapfen und ungeahnte Kräfte zu entwickeln, die sie nicht selten retten. Außerhalb solcher Notsituationen werden diese Notreserven nicht angetastet. Insgesamt, so belegen viele Untersuchungen von Biologen, hat die Natur mehr Reserven als permanent gebrauchte Ressourcen. Lassen Sie mich kurz darauf eingehen.

Arbeiten so entspannt wie Ameisen

Das klingt zunächst völlig absurd, werden doch gerade diese fleißig erscheinenden kleinen Lebewesen Menschen als Vorbild für unermüdliche Tüchtigkeit vorgehalten. Das liegt an einer Fehlwahrnehmung, die ein Biologe vor ein paar Jahren aufgedeckt hat. Wir sehen nur die fleißigen Arbeiterinnen, die Sachen in den Bau schleppen. Und stellen uns vor, dass es unten im Ameisenhügel genauso zugehen muss. Der besagte Biologe hat untersucht, wie viele Ameisen arbeiten und wie viele sich ausruhen. Das überraschende Ergebnis: Nur 20 Prozent der Ameisen schuften, während sich die anderen 80 Prozent ausruhen.

Wenn das der indische Bautrupp, den ich in Kapitel 5 beschrieben habe, erfahren würde, würden zwölf im Straßengraben schlafen und zwei arbeiten. Würden wir den Ameisen erzählen, dass bei uns 80 Prozent arbeiten und sich 20 Prozent ausruhen, würden sie den Respekt vor uns verlieren, sofern sie überhaupt je Respekt uns gegenüber hatten.

Was wir Menschen »entdeckt« oder entwickelt haben, ist die Fähigkeit, die Notreserven auch außerhalb von Krisensituationen zu mobilisieren. Wir sind als einzige Lebewesen in der Lage, von uns selbst mehr zu verlangen, als zum Leben notwendig ist, und zwar ursprünglich scheinbar ziellos. Zunächst war Neugier der Triebmotor, der nach Auflösung einer Fragestellung strebte. Nach sonst nichts. Die Australopithecinen haben wohl nicht darüber fantasiert, dass die Menschen eines Tages in Städten leben, ihr Trinkwasser aus Staudämmen beziehen und beschwerliche Fußmärsche durch Automobile ein Ende finden würden. So wie Kinder ein paar Legosteine aufeinander stecken, sich an dem Ergebnis erfreuen und nicht über einen künftigen Sinn nachdenken. Nur Eltern sehen oft den großen Architekten darin.

Wir Menschen haben zweifellos viel erreicht, aber wir haben dabei die Natur und uns selbst ausgebeutet. Auch wenn wir jetzt mehr Respekt vor der Natur haben oder einfach nur Angst, dass wir unsere Umweltsünden teuer bezahlen müssen, haben wir in Sachen Selbstausbeutung nicht viel gelernt, im Gegenteil. In den letzten 20 Jahren ist die Zahl der Burn-outs, also der Menschen, die sich beruflich ausgebeutet haben, drastisch angestiegen. Fast jeder Zweite meiner Patienten leidet an einem Burn-out oder steht kurz davor, daran zu erkranken.

Selbstausbeutung hat immer noch einen gesellschaftlich höheren Anerkennungswert als Selbstfürsorge, die oft unter verdeckter Verachtung als Synonym für Faulheit gilt. Dies liegt vermutlich auch daran, dass in unserer Kultur das Bruttosozialprodukt als wichtigster Maßstab für Erfolg und Wohlstand eines Volkes angesehen wird. Es gibt andere Beispiele. Während es hier Pflicht ist, so viel wie möglich an finanzieller Wertschöpfung zu erbringen, gilt es in Bhutan als Pflicht, so viel an ideeller Wertschöpfung zu erbringen, wie jeder kann, was bedeutet, die Zufriedenheit der Menschen zu fördern und aufrechtzuerhalten. Offiziell heißt das ganze »Brutto-Glücksprodukt«. Ich halte das für eine falsche Übersetzung, weil der Glücksbegriff im Buddhismus nicht dem westlichen Glücksbegriff entspricht. Ein buddhistischer Mönch ist nicht glücklich, wenn er einen Ferrari besitzt, sondern wenn er zufrieden in sich ruht. Deshalb verwende ich den Begriff Zufriedenheit. Unter Glück verstehe ich persönlich eher, wenn ich meine Parkzeit überschritten habe und es ein Auto vor der Politesse schaffe, mich unentdeckt vom Acker zu machen.

Vermutlich arbeiten alle Menschen in unserer Kultur mehr, als sie müssten. Dabei überschreiten wir oft den Grad des Notwendigen und achten nicht darauf, ab wann wir uns ungesund selbst ausbeuten.

Nur am Rande bemerkt: Wenn Sie glauben, Bhutan sei ein rückständiger Staat von Ziegenhirten und Bauern, irren Sie gewaltig. Sie haben eine eigene Fluggesellschaft und hatten während der Coronapandemie als erstes Land der Welt 98 Prozent der erwachsenen Bevölkerung in eigenen Impfzentren geimpft, deren Termine über die Webseite des Gesundheitsministeriums gebucht werden konnten.

Das bringt uns zur nächsten Frage: warum man alles besitzen und warum es immer das Neueste sein muss. Oder auch – warum nicht.

Sicherheit in sich selbst

Sicherheit ist eines der basalen Bedürfnisse, die wir Menschen haben. Wenn wir unsere biologischen Grundbedürfnisse wie Nahrung, Schlaf und Gesundheit gedeckt haben, wollen wir Sicherheit. Doch ich persönlich glaube, dass es uns nicht wirklich um Sicherheit geht. Ich glaube, es geht um das Vermeiden von Unsicherheiten. Nach meiner Erfahrung leiden Menschen unter unsicheren Umständen und versuchen dann, diesen unangenehmen Zustand zu überwinden. Er flößt vor allem Angst ein, weil hinter der Unsicherheit Risiken oder Gefahren lauern, die nicht selten unberechenbar sind. Sicherheit an sich löst kein angenehmes Gefühl aus, während Unsicherheit ein sehr unangenehmes erzeugt. Man kann den Wunsch nach Sicherheit beim Kauf eines Feuerlöschers gut nachempfinden: Der Feuerlöscher wird nicht gekauft, weil der Umgang mit ihm befriedigend ist oder weil er ein so dekoratives Äußeres hat, sondern weil er uns das Gefühl vermitteln soll, gegen das Feuer geschützt zu sein. Hand aufs Herz: Wissen Sie, wie Sie Ihren Feuerlöscher bedienen müssen? Glauben Sie, dass Sie den Nerv haben, die Bedienungsanleitung durchzulesen, wenn die Hütte brennt?

Die natürlichen Bedürfnisse zur Vermeidung realer und basaler Unsicherheit sind gut nachzuvollziehen. Im Laufe unserer Kulturentwicklung hat sich das Bedürfnis zur Vermeidung erweitert, wie alle unsere Bedürfnisse. Wir wollen nicht mehr nur die realen Gefahren oder Bedrohungen vermeiden, sondern erweitern das Feld möglicher Bedrohungen auf Besitztümer und auf Umstände, die nicht unbedingt real bedrohlich sind.

Auch wenn ich mich jetzt der Gefahr heftigen Protestes aussetze, will ich ein paar Beispiele nennen, die zunächst nicht unmittelbar bedrohlich sind. Nehmen wir den Verlust des Arbeitsplatzes. Der ist nicht wirklich bedrohlich. Sie können weiterleben, wenn Ihnen gekündigt wird. Sie haben in dieser Kultur ein Anrecht auf staatliche Unterstützung. Diese ist zugegebenermaßen geringer als Ihr Gehalt, das Sie zuletzt bekommen haben. Aber Sie werden weder verhungern noch betteln oder unter die nächste Brücke übersiedeln müssen. Der Protest, den ich höre, bezieht sich auf einen gewissen Wohlstand, den wir nicht verlieren möchten. Vielleicht müssen wir auf den Zweitwagen oder den Urlaub verzichten, eine kleinere Wohnung suchen oder eine andere Tätigkeit.

Das sind keine Bedrohungen, das sind schlicht und ergreifend nur Einschränkungen. Bitte glauben Sie mir, ich gönne jedem seinen Luxus. Oscar Wilde soll einmal gesagt haben, er könne auf alles verzichten, nur nicht auf den Luxus. Ich will auf etwas anderes hinaus. Es ist auch nicht die Sicherheit in der Bequemlichkeit, die in unserer Kultur mittlerweile so weitverbreitet ist. Ich glaube, der zentrale Aspekt ist das fehlende Vertrauen in die eigenen Fähigkeiten. Diese Erkenntnis habe ich den beiden Weltreisenden zu verdanken, von denen ich schon berichtet habe. Durch das Lebensmotto, kein Geld von anderen anzunehmen – Hilfen wie Motorradreparaturen oder gastfreundschaftliche Leistungen schon –, haben sie ein nahezu unerschütterliches Vertrauen in die eigenen Fähigkeiten gewonnen, insbesondere die Fähigkeiten, für den eigenen Lebensunterhalt sorgen zu können. Ganz unerschütterlich wurde diese Überzeugung durch die vielen Gefahren, die sie bewältigt haben.

Am Rande bemerkt, ich habe mein Leben immer selbst finanziert, auch während meines Studiums. Habe auf dem Bau gearbeitet, im Verkauf, als Rettungsassistent, als Regieassistent ... Als es einmal gerade keine ehrliche Arbeit gab, habe ich sogar als Berater (modern »Coach«) und Trainer von Führungskräften in der Wirtschaft gearbeitet. War nicht gerade angenehm, weil ich das Bedürfnis hatte, stündlich zu duschen.

Ich will damit sagen, dass wir heute mehr in feste Arbeitsverträge, lange Mietverträge, Überversicherungsverträge vertrauen als in unsere eigenen Fähigkeiten. Das Vertrauen in die eigenen Fähigkeiten mindert unsere Ängste. Diese werden leider umso größer, je länger wir unsere Fähigkeiten nicht brauchen, weil wir in Sicherheit leben. Dabei wirkt ein gewisses Maß an Unsicherheit sogar belebend. Warum sonst stehen Menschen in langen Schlangen an der neuen Achterbahn-Attraktion und zahlen viel Geld dafür, um ein paar Minuten in Unsicherheit schwelgen zu können? Ein Fußballspiel, das bis zum Schluss »auf Messers Schneide« steht und uns bis zur letzten Minute mitbangen lässt, ist doch spannender als ein Spiel, das schon nach 30 Minuten 6:0 steht.

In meiner psychotherapeutischen Praxis habe ich oft mit Menschen zu tun, die in der Mitte ihres Berufslebens eine schwere Krise erleben. Was wie ein Burn-out aussieht, entpuppt sich oft als »Bore-out«: Diese Menschen »sterben vor Langeweile«. Nun wäre ein Wechsel der Arbeit oder zumindest des Arbeitsplatzes sicherlich auf den ersten Blick hilfreich. Leider sind es oft Menschen, die verbeamtet sind, um die 45 Jahre alt. Sie stehen nun vor dem Dilemma: entweder noch 20 oder mehr Jahre auszuhalten (dann dürften sie eine Unzahl psychosomatischer Leiden gesammelt haben) oder das Beamtenverhältnis aufzulösen und sich einen Arbeitsplatz mit mehr Herausforderungen zu suchen. Dabei zeigt sich das eigentliche Dilemma: Sie haben kein Vertrauen in ihre eigenen Fähigkeiten.

Die eigenen Fähigkeiten zu pflegen und weiterzuentwickeln oder zumindest auf dem Level zu halten, erscheint mir erstrebenswerter, um Sicherheit in der eigenen Person zu finden. Die kann einem niemand kündigen.

6000 Euro sind genug

Mit meiner Behauptung, dass ein Familieneinkommen von 6000 Euro netto ausreicht – und ich meine damit mehr als ausreicht –, stoße ich selten auf Gegenliebe. Die meisten, denen ich diese These präsentiere, finden es zu wenig. Und das sind eher nicht die, die von Haus aus mehr verdienen. Oft sind es Menschen mit einem Familieneinkommen unter 3000 Euro im Monat. Das scheint ein psychologisches Paradox, ein irrationales Phänomen zu sein, für dessen Entdeckung einmal ein Sozialökonom den Nobelpreis bekommen hat. Diese Familie mit einem Einkommen von 3000 Euro würde sicherlich zu einer Gehaltserhöhung von netto 1000 Euro pro Monat nicht nein sagen. Trotzdem finden bisher alle, die ich befragt habe, dass 6000 Euro im Monat zu wenig sind.

Ich denke, dass dies mit einem weiteren menschlichen Phänomen zu tun hat.

Albert Einstein wird das Zitat zugeschrieben: »Zwei Dinge sind unendlich, das Universum und die menschliche Dummheit, aber bei dem Universum bin ich mir noch nicht ganz sicher.«

Ich würde noch ein Drittes hinzufügen: die Gier. (Später werde ich noch als Viertes das Machtbedürfnis hinzufügen.)

Denn offenbar – das ist meine Vermutung – löst diese Zahl sofort Begehrlichkeiten aus, die über diese Einkommenssumme hinausgehen. Plötzlich scheinen 300 Euro für ein Essen im Burj al Arab (pro Person, versteht sich) ein angemessener Preis zu sein.

Der Grund, warum wir maßlos werden, ist, dass wir Ersatzbefriedigungen erliegen. Und wir meinen, dass wir immer mehr vom selbem haben müssen, um befriedigt zu sein. Stellen Sie sich vor, Sie bekommen eine schmackhafte Mahlzeit serviert, die aber keinerlei Nährstoffe enthält oder nur sehr wenig davon. Es würde Ihnen schmecken, satt wären Sie am Ende nicht. Also werden Sie vermutlich noch eine Portion bestellen – vielleicht sind ja doch ein paar Kalorien drin und der Hunger wird ein bisschen gestillt. Aber nicht befriedigend. So geht es mit allen »Ersatzstoffen«. Schlechte Beziehungen werden nicht besser, wenn wir mehr Freunde haben.

Win-win-Situationen
Warum Win-win-Situationen alle zufriedener machen

Nach allem, was ich geschrieben habe, dürfte der Kern, der Geist aller Überlegungen und Gedanken sein, sich selbst treu zu bleiben und seine Mitmenschen zu schätzen, Letzteres weniger aus moralischen oder christlichen Aspekten, sondern mehr aus Gründen der eigenen Zufriedenheit. Denn gute, befriedigenden Beziehungen machen mich sofort zufriedener mit meinem Leben. Ich spreche hier nicht von Anpassung, sondern vom Eingehen auf die Bedürfnisse und Wünsche anderer. Auf etwas ein zugehen, bedeutet nicht automatisch, nachzugeben. Ich kann den Wunsch eines anderen erfüllen, wenn er auch meinen Bedürfnissen entspricht. Ist das nicht der Fall, sprechen wir von einem Konflikt. Und Konflikte machen heute vielen Angst, weil sie diese mit Streit und Kampf verwechseln und davon ausgehen, dass es einen Gewinner und einen Verlierer geben muss, dass einer unterlegen ist und der andere den Unterlegenen unterdrückt. Viele Paare, die zu mir kommen, sind offenbar der Überzeugung, ein Gleichgewicht zwischen Unterliegen und Gewinnen stelle Gerechtigkeit in einer Beziehung her. Nach den allgemeinen Maßstäben stimmt das auch, unsere inneren Maßstäbe messen jedoch anders. Sie zählen nur die Niederlagen. Eine Niederlage wird von unserem Unbewussten als Schmach, als ein Verdammen in die Erbärmlichkeit erlebt und mit Rachegedanken quittiert. Kurz, die Beziehung ist in diesem Moment aufseiten des Unterlegenen gestört, wenn nicht sogar zerstört, mit jeder Niederlage ein wenig mehr, bis sie ganz zerstört und nicht mehr zu reparieren ist.

»Was ist mit Kompromissen?«, wollen viele wissen und glauben, die Lösung für alle Dilemmata gefunden zu haben. Doch sie liegen falsch – auch wenn Kompromisse die Grundlage unseres pseudo-demokratischen Systems zu sein scheinen. »Ein Kompromiss ist, wenn beide gleichermaßen unzufrieden sind, wenn also die Unzufriedenheit gerecht verteilt wird«, sage ich dann immer. »Eine Lösung ist das nicht. Eine echte Lösung ist, wenn beide etwas finden, das ihnen gleichermaßen gefällt. Und dem beide mit ganzem Herzen zustimmen können.« Das ist ein schwerer Weg, auf den uns niemand vorbereitet hat. In der Schule lernen wir ziemlich viele unsinnige Sachen, die wir nie wieder brauchen. Aushandeln, so heißt das »Geheimnis«, lernen wir nicht. Aushandeln bedeutet, die Wünsche des anderen ebenso ernst zu nehmen wie die eigenen. Unter Druck setzen, erpressen, drohen sind tabu. Alles, was mit Macht verbunden ist, ist tabu. Verführen oder Tauschangebote sind okay.

Ein Beispiel: Sie möchte Urlaub in Skandinavien machen, ihn zieht es an die Algarve. Mögliche Kompromisse wären: zwei Wochen Skandinavien, zwei Wochen Algarve. Oder dieses Jahr Algarve, nächstes Skandinavien. Einer wird immer unzufrieden sein. Und vermutlich nörgeln. »Aber vielleicht gefällt ihm ja die Schönheit Skandinaviens.« »Ja, aber eben nur vielleicht.« Ziemlich riskant, oder? Die blödsinnigste Form eines Kompromisses wäre es, ein Lineal zu nehmen, es zwischen Oslo und Faro zu legen und die exakte Mitte zu nehmen, sagen wir, Belgien. Dann sind beide gleichermaßen unzufrieden (nichts gegen Belgien, aber Belgien stand nie zur Debatte).

Viele Kollegen, die auch Paartherapien machen, sind der Meinung, Paare bräuchten eine »Streitkultur«. Auch wenn dies ein schon fast unumstößlicher Grundsatz zu sein scheint, muss ich dem entschieden widersprechen.

Streit ist (immer) destruktiv. Es geht primär darum, dem anderen Schaden zuzufügen, nicht um eine konstruktive Lösung des Problems. Während der eine noch redet – vermutlich eher schimpft oder Hasstiraden loslässt –, hört der andere gar nicht zu, sondern überlegt neue Gemeinheiten und Giftigkeiten, lädt seine Verbalkanonen.

Die Lösung ist die Auseinandersetzung. Paare, aber auch Gruppen, die Gesellschaft, die Politik brauchen eine Auseinandersetzungskultur (deshalb sprach ich auch von Pseudo-Demokratie), es muss aber eine reife und gerechte Auseinandersetzung sein. Gelernt haben wir das bestenfalls zu Hause, wenn es die eigenen Eltern oder Patchworkeltern beherrscht haben. Aber wer kann das schon von sich behaupten?

Wie würde eine gute, also eine »reife« und gerechte Auseinandersetzung aussehen? Beide könnten den anderen fragen, was ihm an seiner Idee so wichtig ist, was sie zum Beispiel an Skandinavien so fasziniert und ihn an der Algarve. Beide könnten einander Geschichten erzählen, von Erfahrungen berichten, Bilder zeigen, Dokumentationen ansehen und so weiter. Verführen ist immer erlaubt, weil der Verführte stets die Möglichkeit hat, Nein zu sagen.

Ein wichtiger Punkt, der bei Auseinandersetzungen nicht beachtet wird: Entscheidungen brauchen Zeit. Sie und er müssen das Gehörte, Gesehene auf sich wirken lassen, darüber schlafen oder mit einem Freund darüber sprechen und nochmals darüber schlafen. Diese Spannung halten viele heute nicht mehr aus. Es wird, wenn es nicht schnell genug geht, Druck ausgeübt und eine schnelle Pseudolösung übers Knie gebrochen. Meist wird dabei »der Pudding an die Wand genagelt«.

Nur wer wirklich überzeugt ist – oder überzeugt werden konnte, wird 100 Prozent hinter seiner Entscheidung stehen. So hat man es zunächst schwer, hinterher aber leicht. Statt umgekehrt.

6 Selbstsabotage

Besitz
Warum muss man immer alles besitzen – und warum es immer das Neueste sein muss

Ich will nicht verhehlen, dass ich gern mit gut funktionierenden Laptops schreibe – auch wenn ich viele meiner Gedanken in ein Moleskine, dem Mercedes unter den Notizbüchern, schreibe. Ein bisschen Luxus darf sein. Ich werde also niemanden zu asketischem Verzicht anleiten. Streng genommen halte ich asketischen Verzicht für eine Form westlichen Luxus mit einer selbstgefälligen Haltung ärmeren oder Not leidenden Menschen gegenüber. Außerdem kann Askese ebenfalls zur Sucht werden. Ich werde nur auf die Mechanismen hinweisen, die uns unweigerlich zu dieser »besitzergreifenden« Haltung führen. Sie dürfen weiterhin jedes Jahr ein neues Mobiltelefon bestellen. Vielleicht verlieren Sie aber auch nach diesem Kapitel die Lust daran, weil Sie den Sinn infrage stellen.

Sonab und ich sitzen im Zanskar-Tal an einem künstlich angelegten See. Ich möchte etwas über die Bedeutung der Bewässerung wissen und wie die Aufgaben verteilt sind. Sonab interessiert sich mehr für meine Digitalkamera. Kein besonders teures Modell. Nur leicht und mit kleinen Akkus, die ich mit meinem Solarpanel in 3500 Meter Höhe leicht aufladen kann, denn hier gibt es keinen Strom. Ich sehe es an Sonabs leuchtenden Augen, dass er die Kamera gern besitzen würde. Einen Moment lang überkommt mich die Vorstellung, ihm das Teil zu schenken, ich würde nur die Speicherkarte herausnehmen. Doch dann befallen mich Zweifel. Er hätte keine Speicherkarte und das Solarpanel würde ihm ebenfalls fehlen. Das könnte ich sicherlich auch entbehren – aber was macht er mit den Bildern? Er hat keinen Laptop oder PC. Kein Einwohner besitzt so etwas. Und das nächste Fotolabor, das Digitalausdrucke anfertigen könnte, ist etwa 700 Kilometer entfernt. Daraufhin fällt mir eine Familie ein, die einen zweifelhaften Ruf im Dorf genießt. Sie besitzen einen Fernseher und ein DVD-Abspielgerät. Gibt es dort einen Fernsehsender? Ebenso wenig wie eine Videothek oder einen Laden, der DVDs verkauft. Und die Familie besitzt auch keine DVDs. Der Fernseher und der DVD-Player wurden an unübersehbarer Stelle im Wohnbereich platziert.

So kommen wir dem Neid auf die Spur. Sowohl die Familie als auch ich besitzen etwas, was sonst keiner hat. Das schafft einen kaum übersehbaren Besitzwunsch, scheinbar gespeist von Neid. Ich sage scheinbar, weil ich glaube, dahinter steckt ein anderer Mechanismus. Wir wollen alle nicht am Rand der Gemeinschaft stehen, verhöhnt, geringschätzig behandelt oder ausgelacht werden, weil wir etwas nicht besitzen oder etwas haben, das im Wertesystem dieser Gemeinschaft weniger geschätzt wird, ein sechs Jahre altes Mobiltelefon etwa oder Bekleidung, die nicht von einer sogenannten »Markenfirma« stammt. Dabei fragen sich die meisten nicht, ob sie das Besitzstück, das andere haben und sie nicht, überhaupt brauchen oder ob das neue Modell ihnen persönlich wirklich Vorteile verschafft.

Das Gefühl, sich anderen gegenüber minderwertig zu fühlen, hat einen Gegenspieler: sich anderen gegenüber überlegen zu fühlen. Was uns zum nächsten Kapitel bringt.

Eine Rolle spielen
... macht unzufrieden – und krank

Menschen müssen sich anpassen. An die Umwelt, an ihr Umfeld, an soziale Gegebenheiten, an Arbeitsbedingungen, an die Bedürfnisse anderer Menschen, die ihnen wichtig sind, und so weiter. Tief in ihrer Persönlichkeit sind die meisten Menschen rücksichtsvolle Lebewesen, die das soziale Miteinander in der Gruppe ebenso schätzen und genießen wie die Intimität, die Zweisamkeit und den Schutz in kleineren Beziehungsgefügen. Dennoch möchte ich das Augenmerk auf das Phänomen der Überangepasstheit lenken, denn viele Menschen passen sich über das real erforderliche Maß an und verzichten dabei oft nicht nur auf Freiheiten, die ihnen naturgemäß zustehen, sondern verleugnen zudem wichtige Anteile ihrer Persönlichkeit. Sie verbiegen sich, bis sie eine Rolle spielen, statt ihr eigenes Leben zu leben, wozu auch ihre spezifischen Eigenschaften gehören, ihre Ecken und Kanten – Seiten, mit denen sie sich nicht nur Freunde machen. Die Überangepasstheit ist meiner Ansicht nach Ausdruck einer spießigen Grundhaltung. Diese entsteht erst durch permanente, wachsende Überanpassung und Selbstverleugnung, wenn der überangepasste Mensch selbst daran glaubt, aus freien Stücken so zu sein, wie er ist. Die Verleugnung kann aber nicht ohne Weiteres aufrechterhalten werden, da die Bedürfnisse zwar ins Unbewusste verdrängt werden, dort aber nach Befreiung und Verwirklichung suchen. Man muss nur auf die nächtlichen Träume dieser Menschen achten, dann erfährt man, was ein verbannter Anteil ihrer Person wirklich will. Und der wirkt nicht nur nachts auf die Psyche dieses Menschen ein. Auch tagsüber muss er viele innere Konflikte aushalten, wenn er »in Versuchung« gerät. Hier behilft sich unsere Psyche mit einigen Mechanismen, die eigentlich nur für den Notfall gedacht sind – so wie Verbandskasten und Feuerlöscher. Zum einen spalten solche in Wirklichkeit unglücklichen Menschen die Bedürfnisse und Persönlichkeitsanteile, die sie sich selbst verbieten, ab und »parken« sie bei anderen. Wir sagen, sie »projizieren« die verbotenen Anteile in andere und verschieben den inneren Konflikt in einen äußeren. Denn es ist »einfacher«, andere zu bekämpfen oder sich naserümpfend von ihnen zu distanzieren. Ein zweiter Schutzmechanismus zur Aufrechterhaltung der Statik des selbst erfundenen Wolkenkuckucksheimes ist, Schutz in einer starken oder großen Gemeinschaft Gleichgesinnter zu suchen. Dadurch sichern sie sich nicht nur die Unterstützung, wenn diese auch nur virtuell ist, sondern stärken ihre in Wirklichkeit fragile Lebenseinstellung durch die Stärke oder Masse der »Gleichen« ab. Und damit kommen wir einem Phänomen auf die Spur: der lonesome wolf, der Paradiesvogel, der Individualist kann sich einer solchen Unterstützung nicht sicher sein. Er muss ein großes Maß an Angsttoleranz aufbringen und riskiert, dass er nur wenige Menschen um sich herum hat, die genauso denken und fühlen wir er. Hier stoßen viele auf eine menschliche Urangst: die Urangst, ganz allein dazustehen. Sie fürchten, so »verrückt«, so gegen-stromlinienförmig zu sein, dass sie von allen abgelehnt werden. Diese Befürchtung ist in unseren biologischen Urmechanismen verankert, so wie die Angst des Säuglings, zu verhungern, wenn die Mutter nicht sofort zur Stelle ist. Die Angst, allein dazustehen, ist nie ganz berechtigt. Es kann schon passieren, dass man in einer Gruppe plötzlich der Einzige ist, der eine Meinung vertritt. Von Dauer ist das aber nicht. Kein Mensch ist so individuell, dass es nicht mindestens einen anderen gibt, der genauso »gestrickt« ist. In Psychotherapien verlieren viele Patienten unbefriedigende Beziehungen. Ich sage bewusst »verlieren«, weil der Prozess meist sehr still und ohne Auseinandersetzung verläuft. Manchmal erschrecken meine Patienten über die

»Entrümpelung« ihres Sozialkreises, entdecken jedoch letztlich, dass die wenigen, die geblieben sind, befriedigende Kontakte einbringen. Es ist, als würde man »Falschgeld« aus dem Portemonnaie werfen. Was bleibt, hat dann wirklich Wert.

Interessant ist allerdings auch, dass solche unangepassten Menschen offiziell eher bewundert als abgelehnt werden. Weder in Zeitschriften noch in Büchern oder Filmen sind die Protagonisten angepasste Menschen. Eine Serie über den ereignislosen Alltag eines braven und konturlosen Buchhalters dürfte wohl kaum Publikum anziehen. Auch dies ist ein psychischer Bewältigungsmechanismus: Die verborgenen oder verbotenen Wünsche und Facetten der Persönlichkeit werden, wie wir sagen, an andere »delegiert«. Oder sie werden in unsere Tagträume verlegt. So kann der Bilanzbuchhalter davon träumen, ein Entdecker zu sein oder für einen Moment zum Helden werden, der sein Leben riskiert, um andere zu retten. Hier kommen wir zwei weiteren Phänomenen auf die Spur: die Angst vor dem eigenen Handeln und der Unwille vieler Menschen, Verantwortung für ihr Tun zu übernehmen, für ihre Persönlichkeit, für ihr Leben.

Angst ist ein allgemeingültiges Phänomen, das (vermutlich) alle Lebewesen in irgendeiner Form kennen. Sie soll uns vor Vernichtung oder Schaden schützen, deshalb ist sie lebensnotwendig. Aber nicht jede Angst ist sinnvoll. Oft behindern uns unsere Ängste mehr, als sie uns schützen. Die Angst, sich einer attraktiven Person zu nähern, für die man zärtliche Gefühle entwickelt hat, schützt einen zwar vor der kalten Dusche der Ablehnung, verhindert jedoch auf lange Sicht, eine befriedigende Beziehung zu entwickeln. Viele meinen, solche Ängste müssen »überwunden« werden. Ich bin da skeptisch und würde lieber sagen, sie müssen »überprüft« werden. Es ist unabdingbar, dass man dann und wann ein Risiko eingeht – ein kalkulierbares. Ich gehe bewusst das Risiko ein, dass mich die andere, begehrte Person ablehnt. Das kratzt natürlich an meinem Ego.

Die Kalkulation ist, dass ich nicht jedem oder jeder gefallen kann. So wird auch Entwicklung möglich, statt stehen zu bleiben.

Eine Gefahr im »Überwinden« der Ängste sehe ich darin, dass dies oft mit einem gefährlichen Gegensteuern verwechselt wird. Der Mensch mit Höhenangst klettert dann beispielsweise auf hohe Gebäude und geht dort auf dem Rand spazieren. Die Angst wird dabei nicht einer Prüfung unterzogen, sondern gewaltsam übergangen und damit auch nicht überwunden. »Überwinden«, also auf ein realistisches Maß nivellieren, kann man Ängste meiner Erfahrung nach nur, wenn man sie schrittweise prüft und die Angst immer mehr dem Mut durch positive Erfahrungen weicht. Wenn der Mensch mit der Höhenangst schrittweise immer ein Stockwerk höher geht und, das finde ich wichtig, ein Gefühl dafür entwickelt, wann die Selbstfürsorge einsetzen sollte. Ein Dozent von mir hat zweimal den Atlantik allein überquert, einmal in einem Faltboot, einmal in einem von Eingeborenen geschnitzten Einbaum. Er meint, er habe seine Angst durch autogenes Training überwunden. Ich glaube, er hat seine Angst mit dem autogenen Training unterdrückt und eine Riesenportion Glück gehabt. Jährlich »verschwinden« etwa 200 sogenannte Einhandsegler, und das trotz modernster technischer Ausstattung. Das Meer und große Höhen bleiben für uns Menschen gefährlich – wir sind weder Fische noch Vögel.

Dennoch sollte die Angst auf ein »gesundes Maß« heruntergeprüft werden. Wir leben nicht mehr in einer Zeit, in der wir eine Lebendfeuerbestattung riskieren, sobald wir nicht mit dem Strom schwimmen. Und damit kommen wir zum nächsten Kapitel: warum Mut wichtig ist.

Doch zunächst sollten wir einen weiteren menschlichen Überlebensmechanismus betrachten, der in psychischen Extremsituationen lebensrettend sein kann, aber im Fall der übermäßigen Anpassung die krank machende Wirkung der Anpassung noch verstärkt. Ich nenne diesen Mechanismus »Lagereffekt«, verwandt mit dem Stockholm-Syndrom; Menschen, die unfreiwillig in die Hände von Schergen fallen, unterstützen diese nach einiger Zeit der Unterdrückung. So versuchten Häftlinge, Freundschaft mit den schlimmsten KZ-Wärtern zu schließen. Das erscheint paradox, so, als würden Schweine dem Schlachter helfen, die Messer zu wetzen. Dennoch ergibt diese Anpassungsleistung durchaus Sinn – auch wenn sie vielen in der Nazizeit lediglich geholfen hat, ihr Leben etwas zu verlängern. Diese reflexartige psychische Reaktion von Menschen gleicht dem Totstell- oder Unterwerfungsreflex vieler Tiere. Ein Hund, der sich auf den Rücken wirft, zeigt seinem Angreifer, dass er sich ergibt und keine Bedrohung mehr darstellt, da der Angreifer ihn jederzeit töten könnte. Der Angreifer muss nicht mehr befürchten, der andere könnte ihm nochmals gefährlich werden. Natürlich kann sich diese Einstellung über Nacht ändern, der Unterworfene neue Kraft schöpfen und erneut angreifen. Um zu signalisieren, dass dies nicht der Fall sein wird, zeigt der Unterworfene dem Angreifer, dass er seiner Meinung ist, dass er richtig findet, was dieser tut. Wir sagen: Er identifiziert sich mit dem Angreifer. Dies kann ein guter Schutz sein, in der Lagersituation vermutlich die einzig sinnvolle, oft letzte Option, die das Opfer hat, um zu reagieren. Freunde und vermeintliche Mitstreiter werden nicht so oft angegriffen wie Oppositionelle oder Uneinsichtige.

Überlegenheit
Warum Überlegenheit anderen gegenüber schadet

Überlegenheit anderen gegenüber scheint ein fester Bestandteil unserer Kultur zu sein, der schon in Kinderspielen seinen Reiz ausübt. Warum sollten wir es nicht genießen dürfen, wenn wir bei Monopoly gewonnen, unsere große Liebe erobert und den Rivalen ausgeschaltet, wenn wir einen Studienplatz ergattert oder jemandem den Traumjob weggeschnappt haben? Ich will hier niemandem den Genuss daran nehmen, etwas erreicht zu haben. Man darf sich freuen, das steht außer Frage. Die Gefahr sehe ich jedoch in der Demütigung des anderen. Da kommt einem sofort das Wort »Verlierer« in den Sinn – so sehr hat uns die inhumane, auf Leistung getrimmte, kapitalistische Gesellschaft, die gnadenlos mit Mitmenschen und der Umwelt umspringt, schon geprägt. »Verlierer« ist ein Schimpfwort, das die Unterlegenen herabwürdigt und entmenschlicht. Das Wort macht sie zu Unmenschen, denen man jede Würde abspricht und die keinen Respekt verdienen. Wenn man seinen »Sieg« allerdings differenzierter und nicht absolut, sondern relativ betrachtet, dann schmilzt der eigene Glanz dahin und die »Konkurrenten« werden automatisch in einem anderen Licht gesehen, nämlich eher in ihrer wörtlichen Bedeutung als Mit-Läufer, Zusammen-Laufende. Es ist wichtig, immer auch die Umstände zu bedenken, unter denen man selbst dem anderen überlegen war. Wenn meine Eltern gebildete, psychisch halbwegs stabile Menschen sind und mich stets liebevoll gefördert und gefordert haben, ist meine Eins vielleicht weniger wert als die hart erkämpfte Drei eines Menschen, der in einem Umfeld aufwuchs, in dem Alkohol, emotionale Vernachlässigung und Gewalterfahrungen eine prägende Rolle spielen.

Das Wichtigste, was uns Menschen zusammenhält, sind unsere Bindungen und die gegenseitige Wertschätzung. Ohne gegenseitige Wertschätzung sind Beziehungen auf Dauer nicht tragfähig. Mit meiner Geringschätzung gegenüber einem Menschen, der mir vielleicht in einer Situation oder Disziplin unterlegen war, zerstöre ich die Beziehung zu ihm. Auch wenn er mir in masochistischer Bewunderung folgt, ist dies keine authentische Beziehung, die auf wechselseitiger Zuneigung und gleichberechtigter Wertschätzung fußt. Möglicherweise verpackt der andere nur seine Wut und seine Rachegedanken in der scheinbaren Gefolgschaft und Idealisierung meiner Person. Besser gesagt, er »parkt« sie, bis der Moment gekommen ist, aus der Rolle auszubrechen. Der Volksmund hat diese Form des verlogenen, scheinheiligen Verhaltens gut erkannt und nennt es »scheißfreundlich«. Seine freundlichen Worte sind kein Honig, wie es auf den ersten Blick scheint, sondern aus Fäkalien gemacht.

Und da sollte keiner von uns enden – weder auf der einen noch auf der anderen Seite. Uns bricht sicherlich kein Zacken aus der Krone, wenn wir jemandem, der uns unterlegen war, signalisieren, dass wir ihn als Person wertschätzen. So machen wir es doch auch sonst mit Freunden. Wer würde schon einen guten Freund verhöhnen, wenn er ihn im Tennis geschlagen hat?

Respektlosigkeit

Warum Respekt für andere wichtig ist und Respektlosigkeit anderen gegenüber uns selbst schadet

Weshalb ist Respekt so wichtig? Eigentlich haben wir das doch schon überwunden. Das Wort steht auf den Trikots der Fußballer, in den Stadien, wird also »großgeschrieben«. Offiziell. Doch Respekt kann man nicht erzwingen, wenn die Gründe für Respektlosigkeit nicht durchdacht, durchgearbeitet und überwunden sind. Wer eine geringschätzende Meinung gegenüber farbigen Menschen hat, ändert sie nicht, wenn ihm das Aussprechen des Wortes »Neger« verboten oder madig gemacht wird. Denn das ist eine unbewusste Verschleierungstaktik, ein Ablenkungsmanöver, das über ein ubiquitäres Problem hinwegtäuschen soll, nämlich, dass wir alle solche »Sünden« der Entmenschlichung begehen. Der Kampf um korrektes Gendern oder andere Formen von Scharmützeln zum Erreichen scheinbarer Gleichberechtigung täuschen nicht selten darüber hinweg, dass unsere Geringschätzung und Respektlosigkeit weitaus tiefer greifen, als wir es wahrhaben möchten. Bevor Sie mich auf das moralische Schafott führen, schauen Sie einmal in das Etikett Ihres Hemdes oder Ihrer Hose, die Sie tragen. Woher kommt sie? Unter welchen Bedingungen wurde sie gefertigt? Wer hat den »großen Gewinn« daran gemacht?

Respekt gegenüber der Umwelt

Schon bald, jedenfalls noch in diesem Jahrhundert, will der Mensch zum Mars fliegen. Und nach dem Flug zum Mond soll es hierbei kein reines Forschungsinteresse sein, das als Motiv dahintersteckt. Nein, diesmal will man damit beginnen, den Mars zu bevölkern. Zu »kolonialisieren«. Auch wenn diesmal die Kolonialisierung im Zielgebiet wenig Schaden anrichtet, so fragt man sich doch, sofern man nicht von menschlichem Größenwahn und dessen Wunschgrenzenlosigkeit völlig berauscht ist, was das Ganze soll. Die Neugier kann ich noch nachvollziehen. Aber eine Flucht von der Erde? Haben wir den Planeten schon aufgegeben? 22 Milliarden Euro soll die neunmonatige Reise kosten, bei der sechs Menschen in einem Wohnmobil – größer darf die Bleikiste nicht werden – zum roten Planeten geschickt werden. An alle Linken, die gerade feuchte Augen bekommen haben: Mit rot ist nicht die politische Gesinnung auf dem Mars, sondern seine physikalische Farbausstrahlung gemeint.

Kosten pro Passagier: 8,3 Millionen Euro. Ich habe mich verrechnet? Nein, nur »realistisch« gerechnet. Einmal angenommen, wir würden jeden Menschen zum Mars umsiedeln und Condor oder Ryanair würden Billigflüge anbieten. Und sagen wir, sie könnten die One-way-Tickets für 80 000 Euro (ein Prozent des jetzigen Preises) anbieten, würde die Umsiedlung von elf Milliarden (2100!) stolze 880 Billionen Euro kosten. Wir gehen einmal davon aus, dass Ikea freundlicherweise die Häuschen auf dem Mars kartongerecht gespendet hat, oder die Einwohner sind Freunde des Röst-FKK, so würde es immerhin »nur« das Doppelte des prognostizierten Weltbruttoinlandprodukts 2100 verschlingen. Zwei oder drei Jahre ein bisschen kürzertreten, eine Eigenschaft, die Menschen bekanntlich sehr leichtfällt, und wir hätten alle oben. 2021 betrug dieses Weltbruttoinlandsprodukt circa 85 Billionen, alle zehn Jahre soll es sich um 40 Billionen erhöhen. Leider haben Prognosen eine unangenehme Eigenschaft: Meist stimmen sie nicht. Ich könnte noch Unmengen weiterer Ungereimtheiten aufzählen (Was machen wir da oben? Wie funktioniert eine Marswirtschaft? – Warum Jeff Bezos dahin will, ist mir schon klar).

Ich plädiere dafür, lieber unseren wirklich sehr schönen und lebenswerten Planeten zu erhalten. Und unser Geld, unsere Zeit, Energie und unser Hirnschmalz für dieses realistischere Ziel einzusetzen.

Und falls Jeff Bezos dann immer noch da hoch will, spende ich ihm gern was dafür. Vorausgesetzt, er kommt nicht zurück.

Unachtsamkeit

Achtsamkeit braucht man nicht zu kaufen,
man bekommt sie geschenkt

Viele Patienten fragen mich: »Können Sie mir sagen, wie ich schnell Achtsamkeit erlernen kann?« Natürlich kann ich das, auch wenn schnell und achtsam wie unvereinbare Widersprüche erscheinen mögen. »Schalten Sie das Autoradio aus.« Oder das Mobiltelefon. »Das ist alles?«, fragen manche skeptisch. Das ist mehr, als man auf den ersten Blick denken mag. Es ist nicht nur der erste und notwendige Schritt in die richtige Richtung, es ist schon der Weg. Alles, was ablenkt, weglassen. Wenn Stimmen oder Instrumente von außen aufhören, uns zu beschallen, können wir unsere innere Stimme hören. Plötzlich kommen innere Bilder, Fantasien, Ideen auf. Genau so funktioniert die Psychoanalyse, wenn man sie richtig macht. Nicht über schwere Themen oder die Vergangenheit, die Beziehung zu den Eltern oder Geschwistern angestrengt nachdenken, sondern nur fühlen. »Erzählen Sie mir, was Ihnen durch den Sinn geht. Egal, ob es Ihnen wichtig oder passend vorkommt, ob es Ihnen peinlich und kindisch erscheint. Alles ist willkommen.« Das ist meine Grundregel. Jeder Psychoanalytiker hat da sein eigenes Rezept. Anfangs fällt es den Patienten schwer, sich ihrer inneren Stimme hinzugeben. Aber nur so kommt man zu den verdrängten, verschütteten, abgeschalteten und sonst wie eingemotteten, verbuddelten oder eingerosteten Seiten. Oft vergleiche ich den Prozess auch mit der Restauration eines historischen Hauses, eines alten Wandgemäldes oder eines Oldtimers. Da sind unsere gewohnten Werkzeuge der Beschleunigung nicht nur wenig hilfreich – sie richten sogar mehr Schaden als Nutzen an. Der Bagger oder der Betonmischer werden nicht in der Lage sein, das alte Fachwerk in den ursprünglichen Zustand zu versetzen. Farbspritzpistolen ruinieren das alte Gemälde und der Vorschlaghammer gäbe der angerosteten Seitentür den Rest. Es bedarf der Geduld. Und der Ziellosigkeit. Das hat auch der kluge britische Psychoanalytiker Wilfred Bion von seinen Kollegen gefordert: »No desire«, keine Absicht, kein Ziel sollte der Analytiker haben, wenn er dem Patienten zuhört.

Es ist schon ein paar Jahre her, aber ich erinnere mich noch daran, als wäre es gestern gewesen. Ich spaziere gern, um wieder ganz bei mir zu sein, durch den Wald. An diesem Tag zog es mich auf den Kreuzberg in Bonn. Dort steht eine alte Kapelle. Aus irgendeinem Grund muss ich immer einen Blick hineinwerfen. Vielleicht will ich mich vergewissern, dass sich nichts verändert hat. Der muffige Geruch, die alten Bänke – es hat etwas Beruhigendes, wenn manche Sachen seit Hunderten von Jahren bleiben, wie sie sind. So wie der runde Kiosk aus meiner Kindheit im 1950er-Jahre-Stil, vor dem immer noch Kinder stehen und Süßigkeiten oder Wundertüten kaufen.

Diesmal war etwas anders, was mich aber nicht beunruhigte. Eine Frau saß vor einem der alten Wandgemälde. Sie hatte eine Malerpalette in der einen Hand und in der anderen hielt sie einen Pinsel, dessen Borstenkopf kaum erkennbar war und vermutlich nur aus ein paar Dachshaaren bestand. Mit diesem Pinsel malte sie den Finger einer der Personen auf dem Bild nach. Sie tupfte ganz leicht auf ihre Palette, mischte dort einen neuen Farbton an, bestrich dann ihre linke Handfläche damit, bevor sie die Farbe erneut am Zeigefinger des Gemäldes ansetzte. Ich war fasziniert, setzte mich auf eine der alten Marmorstufen und schaute ihr gebannt zu. Sie hatte mich sicherlich bemerkt, ließ sich aber nicht von mir aus der Ruhe bringen. Vermutlich hat sie gespürt, dass ich ihr keine dummen Fragen stellen oder dämliche Kommentare machen würde. Vor allem ihre Hände zogen mich in ihren Bann. Ich hatte die Zeit vergessen und war von jedem neuen Pinselstrich angetan. Vielleicht hätten andere jetzt sich selbst oder die Restauratorin mit den grazilen Handbewegungen gefragt, wie lange es dauert, bis sie fertig ist. Ich muss zugeben, dass mich Hände faszinieren. Als Psychotherapeut achte ich sehr auf die Hände meiner Patienten, wie sie sich bewegen, was sie machen, wenn sie angespannt sind, und so weiter. Und ich achte auf den Händedruck. Der liefert mir oft schon bei der Begrüßung erste Hinweise darauf, was in dem Patienten vor sich geht. Vielleicht schreibe ich mal ein Buch darüber. Aber ich glaube, besser nicht, denn dann könnte der Zauber verloren gehen.

Irgendwann drehte sich die Restauratorin zu mir um. Ihr »Hallo« verriet mir, dass sie dem Akzent nach vermutlich aus Polen kam. Ein Gespräch auf Englisch ist für Menschen, die eine andere Muttersprache haben, eine verdammt schlechte Voraussetzung, will man die Sinnlichkeit, die im Raum entstanden war, würdig fortsetzen. Leider. Sinnliche Gespräche sind etwas Tolles, Erfüllendes. Ich merkte an, dass sie viel Geduld haben müsse. Ihr irritiertes Gesicht verriet mir, dass ich etwas Banales gesagt hatte, so als hätte ich einem Fisch gesagt, dass er wohl viel Wasser brauche. Was für eine törichte Bemerkung. Sie brauchte keine Geduld. Sie war eins mit der Arbeit. Es spielte keine Rolle, wie lange es dauerte, bis der Finger, die Hand, der ganze Körper des Heiligen, das ganze Fresko fertig sein würde. Ihre Tätigkeit hatte etwas Existenzialistisches. Es war ihre Aufgabe. Ihre Sinnlichkeit, ihr Glück. Sie war eins mit dem Pinsel, eins mit der Farbe, mit dem Heiligen. Es gab keine Grenzen, sie war völlig im Hier und Jetzt.

Wenn Sie das nächste Mal sehen, wie etwas restauriert wird, schauen Sie eine Weile zu. Halten Sie am besten die Klappe und bringen Sie der Künstlerin höchstens eine Tasse Tee. Trockene Kirchenluft macht oft durstig.

7 Menschlich werden

Respekt vor dem Schwachen

Schwach sein oder Schwächen zu zeigen, genießt in unserer Kultur keinen guten Ruf. Der Starke, am besten der Gewinner, der Beste ist der Anerkannte. Der Verlierer wird mitleidig belächelt. Das Schwache ebenso wertzuschätzen, ist wichtig, in unserer erfolgsorientierten, technisierten und an Gewinn orientierten Kapitalkultur allerdings nicht mehr üblich. Dabei waren wir alle einmal schwach – als wir Säuglinge, als wir Kinder waren. Und wir sind auch im Erwachsenenalter oft schwach. Wenn wir krank sind, wenn wir verzweifelt sind, wenn wir etwas nicht geschafft haben, wenn das Schicksal uns einen Strich durch die Rechnung macht. Oder wenn – wie bei mir – ab und an die Grundwasser des Zweifels an meinen Grundmauern emporkriechen. Und wenn wir alt und gebrechlich sind. Ich frage mich oft, wie diese Muster-Hipster und Start-up-Winnertypen mit 80 aussehen. Haben sie vorher schon alle Rivalen besiegt und jetzt keine Freunde mehr? Oder will niemand mehr etwas von ihnen wissen, weil sie nicht mehr jung, dynamisch und erfolgreich sind? Die Achtung für das Schwache und Unterstützenswerte korrespondiert mit unserem Bedürfnis, anderen zu helfen. Wir Menschen tun dies gern, weil es befriedigend ist. Der Lohn ist nicht nur Dankbarkeit oder das Leuchten in den Augen der anderen, sondern auch das Leuchten in den eigenen Augen. Leider korrespondiert die Ablehnung des Schwachen mit der Verleugnung eigener Schwächen und oft auch mit Angst vor eigener Hilfsbedürftigkeit, dem Triumphieren des Überlegenen, dem Verspotten oder der Verachtung durch die Mitmenschen. Wollen wir wirklich in einer Gesellschaft leben, in der das Schwache abgelehnt, an den Rand gedrängt wird? Es geht auch anders.

Heiligabend, ein angenehm kühler Tag in Funabashi. Die Zuschauer auf der Pferderennbahn Nakayama freuen sich auf das Rennen. Heiligabend ist Pferderenntag in Japan. Und alle warten auf den Star des Abends, die Stute Haru Urura, was übersetzt »Lieblicher Frühling« bedeutet. Warum ist Haru Urura der Star des Abends? Weil Haru Urara in den letzten 100 Rennen die gleiche konstante Leistung gebracht hat: Sie hat die letzten 100 Rennen verloren, immer den letzten Platz belegt. Haru Urara ist der Star, weil sie immer wieder antritt und sich immer wieder abmüht. Die Japaner schätzen den Kämpfer mehr als den Gewinner.

Ich persönlich würde mir eine Gesellschaft, eine Kultur wünschen, in der die Gesinnung mehr zählt als Erfolge. Jedenfalls die Erfolge, die in unserer Kultur als solche gewertet werden.

Zeit und Geduld

Viele scheitern an ihren Projekten aus zwei Gründen. Entweder haben sie sich zu viele Ziele gesteckt oder zu wenig Zeit eingeplant. Meist beides.

Wenn ich verreisen will, habe ich für mich ein wirkungsvolles Ritual entwickelt: Ich packe Kleidung und Geld in den Koffer.

Dann schließe ich ihn, öffne ihn wieder und lege die Klamotten und das Geld auf mein Bett. Nun halbiere ich die Kleidung und verdopple das Geld. Genauso mache ich es mit meinen Projekten: die Ziele halbieren, die Zeit verdoppeln.

Ich meine den Zeitraum, in dem ich glaube, etwas verwirklichen zu können. Ansonsten empfiehlt es sich, so zu arbeiten wie die Ameisen, was ich in Kapitel 13 beschrieben habe, sozioökonomisch auch als »Pareto-Prinzip« oder 80:20-Regel bekannt. Wilfried Fritz Pareto, ein italienisches Universalgenie, hat herausgefunden, dass man 20 Prozent seiner Zeit und Kraft benötigt, um eine Sache zu 80 Prozent hinzubekommen. Um die letzten 20 Prozent zu erreichen, also eine Sache 100-prozentig hinzubekommen, braucht man die restlichen 80 Prozent an Kraft und Zeit. Denken Sie daran, wie Sie Ihre letzte Powerpoint-Präsentation erstellt haben. Nach zwei Stunden war sie fertig. Acht Stunden hat es gedauert, ein paar alberne Witzchen oder semilustige Bildchen zu finden, zu bearbeiten, einzufügen und anzupassen. Und bei der Präsentation brauchen Sie 20 Prozent Ihrer Zeit und Energie, um 80 Prozent des Inhalts zu vermitteln. Die restlichen 80 Prozent der Zeit und Kraft benötigen Sie, um die Zuhörer am Einschlafen zu hindern – wegen der albernen Witzchen und schlaffördernden Bildchen, die Sie mit so viel Mühe eingebaut haben.

Etwas für die Perfektionisten unter Ihnen: Gibt es eine Steigerung von perfekt? Ja, die gibt es. Die Steigerung von perfekt ist fertig.

In der Softwareherstellung gilt das Prinzip allerdings nicht. Das liegt an der Sturheit dieser Blechhirne. Daher gilt hier die 90:90-Regel: Ein Programmierer braucht 90 Prozent seiner Zeit (und Gummibärchen), um ein Programm zu 90 Prozent fertigzustellen. Da er wegen seiner Sturheit an dieser Stelle nicht aufhören kann – der Computer würde nicht wesentlich mehr als null Prozent der Aufgaben, die er erledigen soll, hinbekommen –, muss er die fehlenden zehn Prozent auch noch schaffen. Und hierfür braucht er die restlichen 90 Prozent seiner Zeit (und Gummibärchen).

Langsamkeit

Texas, Vereinigte Staaten von Amerika: Ich sitze in einem Restaurant. Eine hektisch umherlaufende, offenbar völlig überforderte Bedienung nimmt die Bestellung auf. Sie möchte nicht nur die Vorspeise und den Hauptgang wissen, sondern auch, ob ich ein Dessert und dazu einen Kaffee trinken will. Das weiß ich nie zu Beginn des Essens. Vielleicht bin ich zu satt, vielleicht ist mir übel und ich liege würgend auf dem Boden, vielleicht möchte ich etwas anderes, als ich mir zu Beginn ausgesucht habe. »Cindy« steht auf dem Schildchen ihrer schürzenartigen Verkleidung. Cindy ist angespannt. Spaß scheint ihr die Arbeit nicht zu machen. Vielleicht ist sie auch von einem so unentschlossenen Gast (im texanischen Sinne) genervt. Kostbare Zeit raube ich ihr. Ob sie wohl schon ein Magengeschwür hat? »Danke, nein, kein Dessert, keinen Kaffee.« Cindy hat alles auf einem kleinen Block notiert und will davonrennen. »Cindy, möchten Sie nicht wissen, mit welcher Kreditkarte ich bezahlen werde?« Den Satz verkneife ich mir. Der groß gewachsene Texaner am Nebentisch wirft mir grimmige Blicke zu und haut seinen Hamburger rein, als wäre hier ein Guinness-Buch-Wettessen im Gange. Für ein harmloses Späßchen wäre ich vermutlich sofort erschossen worden – von Cindy oder von »Jim«, so nenne ich den grimmigen Typen am Tisch nebenan (mehr als drei Buchstaben hat er nicht verdient). Dabei fällt mir auf, dass Jim seinen Texas-Hut beim Essen aufhat. Ich blicke mich um, alle Männer haben ihren Hut auf. Alle den gleichen, sie unterscheiden sich nur in geringen Farbnuancen. Haben sie Angst, dass man ihren Hut klauen könnte? Immerhin kostet so ein Stetson etwa 300 Dollar. Nein, dafür kommt man in Texas vermutlich für 25 Jahre in den Knast – ohne Bewährung, versteht sich. Ob die Ihre Hüte immer anhaben? Auch im Bett? Beim Sex? Bestimmt. Noch bevor ich weiterdenken kann, unterbricht mich Cindy. Mit einem lieblosen »Here we go« knallt sie mir meine Cole Slaw auf den Tisch. Am Nebentisch hat Jim seinen Nachtisch (vermutlich mit einem Bissen) verdrückt und sich den Kaffee in den Rachen geschüttet, während er mit der anderen Hand das Geld für die Rechnung auf den Teller mit der Rechnung geworfen hat. Fluchtartig verlässt er das Lokal. Warten auf das Wechselgeld? Keine Zeit. Da wird mir schlagartig klar: Das Abnehmen und Wiederaufsetzen der Hüte kostet Zeit. Viel Zeit. Während Cindy mir den Teller für den Hauptgang mit einem bösen Blick wegreißt (am Nachbartisch, an dem eben noch Jim gesessen hat, zahlt »Jack« bereits Kaffee in sich schüttend seine Rechnung – ich halte den Betrieb unnötig auf), bin ich mit meinen Überlegungen zum Texashut und meinen Berechnungen fertig. Mir ist klar geworden: Mit 16 Jahren, wenn der texanische Schädel ausgewachsen ist, bekommen die jungen Männer ihren Stetson, den sie für den Rest ihres Lebens anbehalten. Damit sparen sie 141,94 Stunden, also fast sechs Tage ihres Lebens. Keine Ahnung, was sie mit der gewonnenen Zeit machen.

»Here we go«, fliegt die Rechnung auf meinen Tisch. Gemeint hat Cindy natürlich »Here you go«. Sie will mich loswerden. Beruht auf Gegenseitigkeit. Ich gebe ihr statt der üblichen 15 Prozent 25 Prozent Trinkgeld, also 25 Dollar (es war zum Glück ein texanisches Billigrestaurant). Diese Lektion bin ich meiner Kultur schuldig.

Wichtiges zuerst

Ich sitze am Schreibtisch. Es gibt viel zu tun: unzählige E-Mails beantworten; den Steuerberater anrufen (darauf freue ich mich wie auf eine Zahnwurzelbehandlung); Rechnungen bezahlen; vorher prüfen, ob ich sie nicht schon bezahlt habe; eine Veranstaltung vorbereiten; mit dem Saalvermieter über die Bestuhlung (U-Form, O-Form oder parlamentarisch?) sprechen; den Techniker anrufen, ob alles geklappt hat; neue E-Mails beantworten. Kurz: der ganze unerträgliche Scheiß eben.

Ach ja: die Umsatzsteuer endlich bezahlen. Habe ich das Geld überhaupt noch? Die Umsatzsteuer verschwindet bei mir immer auf unerklärliche Weise. Ich wollte das schon immer mit dem Finanzamt klären, aber die sind nicht an Ursachenforschung interessiert, wollen nur das Geld. Es hilft auch nicht zu sagen, dass die Umsatzsteuer nicht weg ist, dass sie nur gerade ein anderer hat. Sollen die sie sich doch bei dem holen. Geld ist bei mir immer nur zu Gast, wird nie Dauermieter. Meist sind es nur Stippvisiten. Kommt zur Tür rein, sagt »guten Tag« und verschwindet über den Balkon. Oft bleibt mir nicht mal Zeit, den Gruß zu erwidern. Mein Steuerberater, die anhedonistischste Nervensäge der Welt, meint, es könnte »an der immer weit geöffneten Balkontür« liegen. Keine Ahnung, was er damit meint. Man wird doch wohl noch ein bisschen lüften dürfen. Vielleicht lade ich den Mann von der Umsatzsteuerstelle einmal ein. Dann kann er sich bei mir aufs Sofa setzen und versuchen, die flüchtigen Moneten zu schnappen. »Wir suchen Ihr Geld aus dem Vorjahr!«, sagt der Steuerfahnder. »Prima!« antworte ich, »sagen Sie mir unbedingt Bescheid, wenn Sie es gefunden haben.«

Ich bin übrigens fest davon überzeugt, dass es nicht nur Löcher in meinem Portemonnaie gibt, sondern auch Zeitlöcher oder Wurmlöcher (keine Ahnung, welcher Begriff da der richtige ist) auf meinem Schreibtisch, in meiner Wohnung. Auf jeden Fall ist der Wurm drin, so viel ist sicher. Ich lege etwas auf den Schreibtisch – am nächsten Tag ist es weg. Ich rede nicht von Kugelschreibern oder Bleistiften, die dematerialisieren sich automatisch, wandeln sich in Energie um und sind weg. Für immer. Oder leer oder zerbrochen. Ich suche mich zu Tode. Finde es nicht, egal, was ich anstelle. Wie durch ein Wunder taucht der Gegenstand oder Brief oder sonst etwas nach einigen Wochen wieder auf, oft genau an der Stelle, an der ich glaubte, ihn abgelegt zu haben. Er war nur in einer anderen Zeitdimension. Wie konnte ich Depp auch so blöd sein, ihn genau in ein Wurmloch zu legen.

Sie sehen, schreiben macht mir mehr Spaß, als Anrufe und Überweisungen zu erledigen. »Der Steuerberater ist nicht mehr im Haus? Erst am Montag wieder? Wie schade.« Gut, dass seine Assistentin mein Grinsen nicht sehen kann. »Sehr geehrte/-r Finanzamtsachbearbeiter/-in, wie groß wäre mein Vergnügen gewesen – und ich bin mir sicher, auch Ihres –, wenn ich Ihnen heute stolz hätte verkünden können, dass die längst fällige Umsatzsteuer zu Ihnen durch eine deftige Überweisung unterwegs ist. Leider war es diesmal nicht ursächlich und allein die retentive, pekuniäre Hemmung und die unnachgiebige Sturheit der Bank, die sich weigert, meinen Überziehungskredit zu verlängern. Bedauerlicherweise verhindert außerdem ein weiterer unverschuldeter Umstand die unverzügliche Zahlung. Für heute erwartete ich eine nicht unerhebliche Tantiemenzahlung meines Verlegers. Diese erschien zwar, fiel aber unverhältnismäßig gering aus. Nach Auskunft meines Verlegers liege dies an den Lesern, die meine Bücher einfach nicht kaufen wollen. Sie merken sicherlich: Wir sitzen im selben Boot, warten beide auf unser Geld. Sollten wir uns da nicht zusammentun? Bei der Gelegenheit erlaube ich mir die Frage: Wie viele Angestellte hat Ihr Finanzamt eigentlich? Und wie viele Ihrer Kolleginnen und

Kollegen haben noch kein Exemplar meines neuen Buches? Nennen Sie mir die Zahl und ich bringe Ihnen sofort die Exemplare vorbei. Das Geld können alle dann gleich unter meiner Steuernummer bei der Finanzkasse einzahlen. Mit freundlichen Grüßen ...«

Parlamentarische Form? O-Form? U-Form? »Machen Sie es in X-Form!« – »Wie bitte, wie soll das gehen?« –»Sie sind Tagungsraumanbieter, Sie werden das schon hinkriegen, auf Wiederhören.«

Wenn ich zuerst mache, was mir Spaß macht, bekomme ich gute Laune. Und werde kreativ. Heute habe ich das 1:50-Prinzip erfunden: mit einem Prozent Zeit- und Kraftaufwand kann man alles 50-prozentig hinbekommen. Ich habe es gleich mit den E-Mails ausprobiert:

»Sehr geehrter Herr Adler, wir wollen nachfragen, ob Sie wie vereinbart bla, bla, bla, am kommenden Samstag um 15:00 Uhr bla, bla, bla. Bitte geben Sie uns bis bla, bla bla, bla.«

Die Ein-Prozent-Antwort: »Ja.«

»Lieber Dieter, hast du es schon geschafft, Rhabarber, Rhabarber, Rhabarber. Ich würde unbedingt Rhabarber, Rhabarber. Sag mir doch, wann Rhabarber, Rhabarber.«

Die Ein-Prozent-Antwort: »Nein, bald.«

Bescheidenheit und Demut

»Wir können nur in Demut und Bescheidenheit unsere Arbeit machen«, mahnte und tröstete mich vor vielen Jahren ein Supervisor, als eine Behandlung grundlegend schiefgelaufen war. Missglückte Behandlungen nehmen sich Psychotherapeuten sehr zu Herzen. Die Behandlung liegt schon lange zurück, doch seine Worte sind haften geblieben, haben sich tief in meine Persönlichkeit eingegraben.

Es ist menschlich verständlich: Wir alle möchten aus unserer naturgegebenen Bedeutungslosigkeit ausbrechen. Und wenn es nur ein einziges Mal ist: glänzen, von anderen bewundert werden, im Mittelpunkt, an der Spitze stehen. In Zeiten, in denen wir in übersichtlichen kleinen Gruppen gelebt haben, war das noch relativ einfach. Man hat sich bei der Jagd mutig erwiesen, einen besonders großen Fisch ganz allein gefangen, etwas Kluges konstruiert, sich einem Feind mutig entgegengestellt. Die Felder, auf denen Anerkennung errungen wird, sind scheinbar meist originär männlicher Natur. »Weibliche« Leistungen gelten vermutlich eher als Selbstverständlichkeiten – aber das ist ein anderes Thema, das sicherlich eine genauere Betrachtung verdient.

In immer größer werdenden Lebensfeldern zählt die Anerkennung in der kleinen Gruppe immer weniger, die Maßstäbe, eine Leistung als außergewöhnlich zu werten, hängen immer höher. Das bedingt, dass die Anstrengungen, Anerkennung zu erreichen, immer schwieriger werden. Gleichzeitig steigt die Wahrscheinlichkeit von Misserfolgen ebenso an und damit die Frustration, die wiederum bei vielen dazu führt, die Schmach – das Gegenteil des erhofften Glanzes in den Augen der anderen – ungeschehen machen zu wollen, oft durch noch ambitioniertere Anstrengungen mit dem Risiko weiterer und vermutlich größerer Frustration. Ein Teufelskreis, der nicht selten in immer stärkere Selbstabwertung mündet, verbunden damit, dass die vorhandenen Fähigkeiten gering- oder gar nicht mehr wertgeschätzt werden.

Durch die Jagd nach Anerkennung und dem Glanz in den Augen anderer verlieren wir den Respekt vor der eigenen Persönlichkeit mit all ihren Fähigkeiten, guten Seiten, liebenswerten Eigenschaften. Kurz: Der Glanz der eigenen Person liegt in ihrer Einmaligkeit. Und die kann uns niemand nehmen. Pokale, Siegerplätze, Ehre und Ruhm schon.

> Sein erster Pfeil schoß aus strahlender Helle in tiefe Nacht. Am Aufschlag erkannte ich, daß er die Scheibe getroffen habe. Auch der zweite Pfeil traf.
> Als ich am Scheibenstand Licht gemacht hatte, entdeckte ich zu meiner Bestürzung, daß der erste Pfeil mitten im Schwarzen saß, während der zweite die Kerbe des ersten Pfeiles zersplittert und den Schaft ein Stück weit aufgeschlitzt hatte, bevor er sich neben ihm ins Schwarze bohrte. Ich wagte nicht, die Pfeile einzeln herauszuziehen, sondern brachte sie mitsamt der Scheibe zurück. Der Meister schaute sie prüfend an. »Der erste Schuß«, sagte er dann, »sei kein Kunststück gewesen, werden Sie meinen, ich sei doch mit meinem Scheibenstand seit Jahrzehnten so vertraut, daß ich sogar bei tiefstem Dunkel wissen müsse, wo sich die Scheibe befindet. Das mag sein, und ich will mich nicht auszureden versuchen. Aber der zweite Pfeil, der den ersten traf – was halten Sie davon? Ich jedenfalls weiß, daß nicht ›ich‹ es war, dem dieser Schuß angerechnet werden darf. ›Es‹ hat geschossen und hat getroffen. Verneigen wir uns vor dem Ziel als vor Buddha!«

Eugen Herrigel: Zen in der Kunst des Bogenschießens, Barth, München 1987, S. 55.

Der Sinn des Lebens

Der Sinn des Lebens hat für viele eine nahezu magische Bedeutung. Wer eher oberflächlichen Genüssen frönt und keine tiefsinnigeren oder nachhaltigen Ziele verfolgen will, für den ist die Wahl einfach: bedingungsloser Hedonismus.

Für die Mehrzahl der Menschen ist die Sinnfrage dennoch eine sehr ernste Frage, die sie lange oder gar nicht mehr loslässt. Schon Kinder suchen nach einer Antwort. Und wenn diese ausbleibt, leiden viele unter ihrer selbst bescheinigten Sinnlosigkeit oder der Unbestimmtheit des eigenen Seins. Eng verbunden damit, so erscheint es mir jedenfalls, ist die Frage nach der eigenen Spur in der Weltgeschichte. Jeder möchte gern der Weltgeschichte – am liebsten dem ganzen Universum – seinen Stempel aufdrücken, möchte irgendwie zumindest in der Erinnerung anderer am Leben bleiben. Leider in einigen – zum Glück in der Minderzahl befindlichen – Fällen mit schlechten Handlungen.

Finden wir keine ausreichende Antwort, was als Kind auch aufgrund der mangelnden Erfahrung mit der Welt unmöglich ist, versuchen wir, diese Antwort von anderen zu bekommen. Viele suchen sich Mentoren, die im Zustand beständiger Selbstzweifel zu charismatischen Gurus hochstilisiert werden, was fatal für die eigene Sinnfindung und Persönlichkeitsbildung ist.

Zunächst die ernüchternde Antwort von mir: Den Sinn des Lebens gibt es so wenig wie den Stein der Weisen. Der Wunsch nach einer universell gültigen Lösung oder Formel soll uns vor der unliebsamen Wahrheit schützen, dass es eine große Anstrengung ist, den Sinn seines eigenen Lebens zu finden. Deshalb sind Psychotherapien mühsam und leidvoll, weil sie eine mühsame Auseinandersetzung mit der eigenen Person sind. Anders kann man den Sinn des eigenen Lebens nicht finden. Ich glaube aber, dass noch weitere Irrtümer und Fehleinschätzungen die Suche erschweren. Zum einen müssen wir uns mit unseren inneren Konflikten auseinandersetzen. Will ich ein »guter« Mensch sein, der anderen hilft, oder eine Karriere anstreben, bei der ich vielleicht rücksichtslos sein muss, um erfolgreich zu sein? Aber nicht nur diese ethischen Konflikte erschweren unsere Wahl. Auch wenn wir uns für eine Seite entscheiden, sagen wir einmal für »die gute«, bleiben viele Fragen offen: Soll ich Medizin, Theologie oder Psychologie studieren? Soll ich den Menschen hier oder in einem Entwicklungsland helfen? Was mache ich, wenn mein Partner eine andere Gesinnung hat? Was ist, wenn meine Familie oder mir wichtige Personen nicht mit meiner Wahl einverstanden sind und sich von mir abwenden?

Die selbst geschaffene Schwierigkeit liegt im westlichen Irrglauben, eine Lösung müsse immer einzigartig, unkompliziert, aber vor allem, und das scheint mir der schwierigste Umstand oder Fallstrick zu sein, für immer gültig sein.

Der Weg aus der Misere scheint in meinen Augen zu sein, einerseits das Feld zu erweitern. Kein Mensch würde auf die etwas absurde Idee kommen, er müsse »das optimale Gericht« finden, das er dann für den Rest seines Lebens tagtäglich essen will. Wir entscheiden uns in solchen Dingen immer situationsbedingt. Schauen in die Speisekarte und lassen unser Unbewusstes das finden, worauf unser Gaumen heute, hier und jetzt den größten Appetit hat. Aus demselben Grund lehne ich übrigens feste Verabredungen und »Buchungen« ab beziehungsweise versuche, sie, soweit es geht, zu vermeiden.

Ich selbst habe im Laufe meines Lebens so viele Berufe ausgeübt, die oberflächlich betrachtet nichts miteinander zu tun hatten: Rettungsassistent, Lokalredakteur bei der Tageszeitung, Hörfunkreporter, Erziehungsberater, Filmemacher, Schriftsteller, Regieassistent, Regisseur, Filmproduzent, Trainer für Führungskräfte, Dokumentarfilmer, Programmierer, Datenbankentwickler, Psychotherapeut, Psychoanalytiker, Gruppenpsychotherapeut, Supervisor, Geschäftsführer. Eine begonnene

Ausbildung zum Berufspiloten habe ich nach der ersten Alleinflugstunde aufgegeben. Zum Glück, denn das ist eine (für mich zumindest) todlangweilige Arbeit, weil Computer die ganze Arbeit übernehmen. Nur Start, Landung und Notfallsituationen erfordern das Eingreifen des Piloten, doch ein Notfall ist das Letzte, was sich Piloten wünschen – außer sie heißen Antoine de Saint-Exupéry.

Heute weiß ich, dass alles etwas Gutes und Richtiges hatte, auch wenn ich auf einige Erfahrungen gern verzichtet hätte. Aber das weiß man in der Regel erst hinterher. So wie bei einem Essen – das Verständnis von »etwas scharf« war beim Koch ein anderes als das des Magens.

Es kommt also auf eine gewisse Vielfalt der eigenen Möglichkeiten an, die es auszuwählen oder einzuschränken gilt – je nach Sichtweise. Wie eine Werkzeugkiste, die man für das Leben packt. Jeder, der ein wenig handwerklich bewandert ist, weiß, dass »Universalwerkzeuge« meist zu nichts zu gebrauchen sind. So wie spezielle Küchengeräte, die alles können, klein hacken, passieren, kochen, backen und weiß der Kuckuck, was sonst noch. Die, noch bevor die letzte Rate gezahlt wurde, für etwa zwei Jahrzehnte im Küchenschrank zwischengelagert werden, um schließlich ihrer vorläufig letzten Bestimmung zugeführt zu werden: dem Tapeziertisch auf dem Flohmarkt, wo sie für zehn bis zwanzig Euro einen neuen Zwischensammler finden.

Kommen wir zum nächsten Irrtum: dem einer zeitlich unbegrenzten Gültigkeit der Sinnfrage. Man könnte auch sagen: dem Wunsch nach einer statischen Lösung. Der Wunsch nach Beständigkeit ist nachvollziehbar, leider aber fatal. Echte Lösungen sollten, ja, ich glaube sogar, müssen dynamisch sein. Ein Ideal, welches ich mit 20 hatte, kann und wird mit 30 ganz anders aussehen. Es hat sich entwickelt. Und damit können wir einen weiteren Irrtum ebenfalls schnell ausräumen. Unter Entwicklung verstehen wir gern eine Entwicklung zu etwas Besserem oder zumindest etwas Positivem, wobei die Gewichtung immer eine subjektive ist: Die Entwicklung der Mieten hat für Mieter und Vermieter eine konträre, diametral entgegengesetzte Konnotation.

Deshalb möchte ich eine neutrale Definition von Entwicklung vorschlagen: Entwicklung ist Veränderung eines bestehenden Zustandes in einen anderen, so wie der Wechsel des Flussbettes, den der Fluss im Laufe der Zeit »vornimmt«. Er nimmt den Wechsel nicht selbst vor, sondern passt sich neuen Gegebenheiten an.

Was ist Glück?

Was bedeutet nun wirkliches Glück?

Eigentlich sollten wir das jetzt wissen. Ich habe darüber nachgedacht und bin für mich zu diesem Schluss gekommen:

1. Glück ist es, mit anderen, mit einer Gruppe Gleichgesinnter entspannt zusammenzusitzen, friedlich miteinander im Kontakt zu sein. Und am besten ist es, wenn man sich so gibt, so geben kann, wie man ist, also authentisch. Das steht bei mir an erster Stelle.
2. Anderen Menschen zu helfen, ist ein großes Glück, weil wir es gern tun, am besten »uneigennützig«, also ohne etwas dafür zu bekommen. Ohne als Helden auf der Titelseite zu landen. Ich selbst habe (meines Wissens jedenfalls) vier Menschen das Leben gerettet. Nicht als Psychotherapeut, sondern in einer bedrohlichen Situation, die fast tödlich ausgegangen wäre. Ich war bass erstaunt, als eine dieser vier nach langer Zeit vor meiner Tür stand und sich bedankt hat. Das

hat mich zwar sehr berührt, erwartet hätte ich es nie. Es reicht aus, abends das Gefühl zu haben, einem anderen Menschen geholfen zu haben.
3. Anderen etwas Gutes zu tun. Etwas zu schenken macht denjenigen, der schenkt, mindestens ebenso glücklich wie den Beschenkten – vorausgesetzt, man trifft das Richtige. Es ist ähnlich wie beim Helfen. Nur: Helfen ist ein unbestimmtes Produkt des Zufalls, das ich nicht gezielt herbeiführen kann. Schenken kann ich jederzeit.

Aber es gibt auch Glückszustände, die wir mit uns selbst erleben können. Dabei finde ich das höchste Glück, wenn ich im Kontakt mit mir selber bin. Das ist ebenso wichtig, wie im Kontakt mit anderen zu sein. Wir brauchen beides: den Kontakt mit anderen und den Kontakt zu uns selbst. Besonders toll ist es, wenn ich genau das bekomme, was ich im Moment brauche. Wenn mir nach Kontakt mit anderen zumute ist und die anderen just in dem Moment Zeit und Lust dazu haben.

Wenn ich mich selbst in Momenten der Stille spüre, in denen ich Zugang zu Gefühlen bekomme, die vom Gewirr und Lärm des Alltags, beruflichen oder privaten Herausforderungen zugeschüttet wurden und mit jeder neuen Sedimentschicht der Wirklichkeit immer leiser werden. Wenn ich allein sein kann, weht der Wind der Stille den Sand des Alltags davon. Und nach und nach kann ich mich wieder selbst spüren, bis ich in der klaren Abendluft der Ruhe wieder Kontakt zu mir gefunden habe, wieder eins mit mir bin.

Einen solchen Kontakt zu anderen zu bekommen, ist auch eines der Glücksmomente, die wir Menschen von Natur aus beherrschen, was uns innewohnt.

Namibia 2015, August. Es ist Winter. Eine Anthropologin, deren Name mir entfallen ist, weil ich mich über sie maßlos geärgert habe, führt uns zur Himbaoganda. Diese Oganda – so nennen die Ovahimba ihre Dörfer – liegt sehr versteckt im dichten Gehölz der Savanne des Kaokoveldes im Norden Namibias oberhalb der Etoshapfanne. Ich soll vorausgehen, deutet mir die Anthropologin an. Da kommen wie aus dem Nichts zwei kleine Jungen, ungefähr fünf und sieben Jahre alt, von links auf mich zu. Es sind zwei schöne Kinder. Und ich weiß nicht, warum, aber ich strecke ihnen meine Hände entgegen. Es passierte einfach so. Sie kamen und jeder der beiden fasste eine meiner Hände. Und beide führten mich ins Dorf. Dieses Gefühl, das sich plötzlich von innen in mich ergoss, habe ich noch nie erlebt, sodass mir die Worte dafür fehlen. Ein Zustand, als würde ich nicht mehr existieren, aber nicht, weil ich mich oder mein Ich sich aufgelöst hätte, sondern weil ich plötzlich mit allem innerlich verschmolzen war und scheinbar paradoxerweise ein noch nie da gewesenes Gefühl der Freiheit erlebt habe. Bitte fahren Sie nicht ins Kaokoveld. Sie müssen das Kaokoveld in sich finden.

Literatur

Adler, D. (1991): Krisenmanagement: Stressbewältigung beim Lösen komplexer Probleme, unveröffentlicht.

Herrigel, E. (1987): Zen in der Kunst des Bogenschießens. München. Barth.

Klein, M. (2001): Das Seelenleben des Kleinkindes und andere Beiträge zur Psychoanalyse. Stuttgart. Klett-Cotta.

Kohut, H. (1979): Die Heilung des Selbst. Frankfurt am Main. Suhrkamp.

Mahler, S.; Pine, F.; Bergman, A. (1980): Die psychische Geburt des Menschen. Frankfurt am Main. Fischer.

Metz, C.; Schubert, K. (1999): Abgefahren: In 16 Jahren um die Welt. Köln. KiWi.

Shepher, J. (1983): Incest – A Biopsychological View. New York et al. Academic Press.

Weiss, R. (1975): Loneliness. The Experience of Emotional and Social Isolation. Cambridge. MIT Press.

Westermarck, E. (1902): Geschichte der menschlichen Ehe. Berlin. H. Barsdorf.